어휘 빵빵 독해

초등 사회 3

글 최옥임 | 그림 이창우, 조승연

웅진주니어

이 책의 특징

" 어휘를 알면 독해가 쉽다! 어휘력을 빵빵하게 키워 독해를 쉽게 할 수 있습니다.

글을 읽고도 무슨 뜻인지 모르는 이유가 무엇일까요? 글을 읽고 그 내용을 이해하는 능력인 독해력이 부족하기 때문입니다. 독해력은 문장을 읽고 이해하는 능력인 문해력과도 연결됩니다. 문해력을 기르려면 어휘력이 바탕이 되어야 합니다. 『어휘로 잡는 빵빵 독해』에서는 어휘의 의미와 쓰임을 다양한 상황으로 구성해 보여 줌으로써 아이들이 어휘를 쉽게 이해할 수 있게 하였습니다. 또한 이렇게 익힌 어휘를 짧은 문장으로 확인하는 문제를 통해 문해력을 키우고 긴 글까지 확장해 이해할 수 있도록 하였습니다.

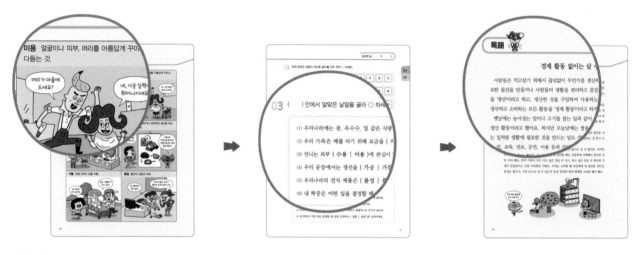

" 초등 교과와 연계한 독해 프로그램으로, 교과 지식을 넓힐 수 있습니다.

초등 사회 교과서에 나오는 주제로 구성된 다양한 지문을 통해 독해 능력을 키우고 교과 공부에 필요한 기초 지식도 키울 수 있도록 하였습니다. 또 '교과서 속 책 읽기'를 통해 초등 및 중등 국어 교과서에 나오는 지문을 미리 읽어 보는 경험을 할 수 있습니다.

주	일차	학습 주제	주	일차	학습 주제
1주 경제 1	1	생산과 소비	**3주** 정치 1	1	인권의 의미와 인권 보호
	2	지역 간 경제적 교류		2	인권 신장을 위해 노력한 사람들
	3	가계, 기업, 정부가 하는 일		3	법의 의미와 역할
	4	합리적 선택		4	국민의 기본권
	5	여러 가지 시장		5	국민의 의무
2주 경제 2	1	우리나라 경제의 특징	**4주** 정치 2	1	정치와 민주주의
	2	우리나라의 경제 발전		2	선거의 원칙
	3	무역의 필요성과 좋은 점		3	대통령과 정부가 하는 일
	4	우리나라의 무역		4	국회가 하는 일
	5	세계 무역 기구		5	법원이 하는 일
	교과서 속 책 읽기			교과서 속 책 읽기	

한 번에 끝내자! 오늘 학습은 오늘 끝내는 성취감을 느낄 수 있습니다.

어휘와 독해를 하루에 하나씩! 1주 6일, 4주 한 권 완성으로 학습 성취감을 높입니다. 부담 없이 학습할 수 있도록 쉽고 간결하게 구성하였으며, 날마다 학습한 날짜를 기록하면서 아이 스스로 꾸준히 학습할 수 있도록 하였습니다.

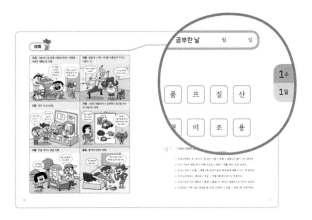 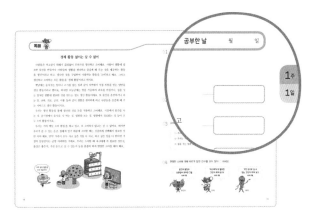

친근한 빵 친구들이 어휘와 독해 학습의 재미를 높여 줍니다.

또띠

똑소리 나는 토르티야. 아는 것이 많고 생각도 많다. 모르는 게 있으면 빨리 알아봐야 직성이 풀리는 성격. 그래서 머리에 항상 돋보기, 스마트폰 등을 넣고 다닌다.

빵이

푸근한 식빵. 웃음이 많다. 감정이 풍부하여 잘 웃고, 부끄러움을 잘 탄다. 새로운 사실을 알았을 때는 얼굴이 부풀었다 쪼그러들었다를 반복한다.

핫또야

장난꾸러기 핫도그. 심심한 걸 견디지 못해 케첩 같은 소스를 뿌려 대며 말썽을 일으키기도 하지만 악의는 없다.

롱이

수다쟁이 마카롱. 무조건 아는 척을 잘하며 모든 일을 참견하고 싶어 이곳저곳을 기웃거린다.

소라

수줍음이 많은 소라빵. 호기심도 많다. 무엇인가 골똘히 생각할 때는 커다란 모자에 몸을 숨기기도 하고, 놀라면 모자가 들썩이는 등 과한 리액션이 매력이다.

꽈리

투덜이 꽈배기. 무슨 일이든지 일단 투덜거리고 본다. 싫을수록 몸이 더 배배 꼬이고, 몸에 묻은 설탕을 털면서 온몸으로 거부한다.

이 책의 구성과 활용 방법

어휘 독해를 하기 전에 독해 지문에 나오는 어휘의 뜻을 익힙니다.

> 어휘를 익힌 뒤 바로 문제를 풀며 어휘의 뜻을 잘 알고 있는지 확인해 봐.

> 먼저 어휘의 뜻을 읽고, 만화를 통해 어휘가 어떻게 사용되는지 확인해 봐.

독해 초등 사회 교과서에 나오는 학습 주제를 담은 지문을 읽고 독해력을 기릅니다.

> 문제를 풀며 글의 내용을 잘 이해했는지 확인해 봐.

> 먼저 어떤 내용의 글인지 제목을 읽은 다음, 글을 차근차근 읽으며 내용을 파악해 봐.

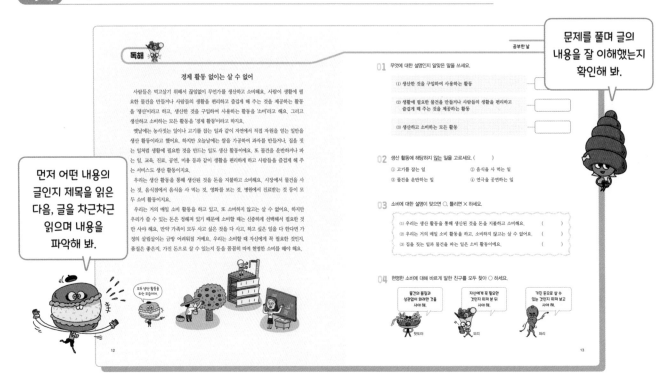

복습 한 주 동안 배운 내용을 낱말 퍼즐, 사다리 타기, 미로 등의 다양한 활동을 통해 복습합니다.

전체 학습 분량 중
완료한 학습량

학습한 어휘 수

학습한 지문 수

헷갈리거나 모르는 것이
있으면 앞으로 돌아가
내용을 확인한 뒤 문제를
풀어 봐.

왼쪽 면은 어휘를,
오른쪽 면은 독해 내용을
확인하는 활동으로
구성되어 있어.

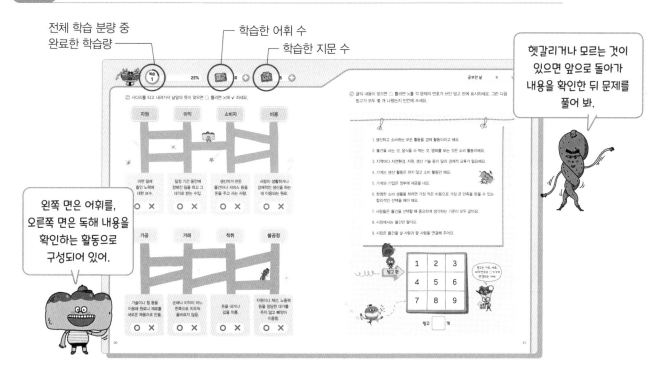

교과서 속 책 읽기 초등 및 중등 국어 교과서에 나오는 다양한 유형의 지문을 읽고 내용을 파악합니다.

학습 주제와 관련된
교과서에 나오는
지문을 읽으며
내용을 파악해 봐.

지문의 내용을 잘
파악했는지 간단한
문제를 풀며 확인해 봐.

해답 어휘, 독해, 복습, 교과서 속 책 읽기 문제의 해답을 확인합니다.

찾아보기 헷갈리거나 모르는 어휘를 찾아봅니다.

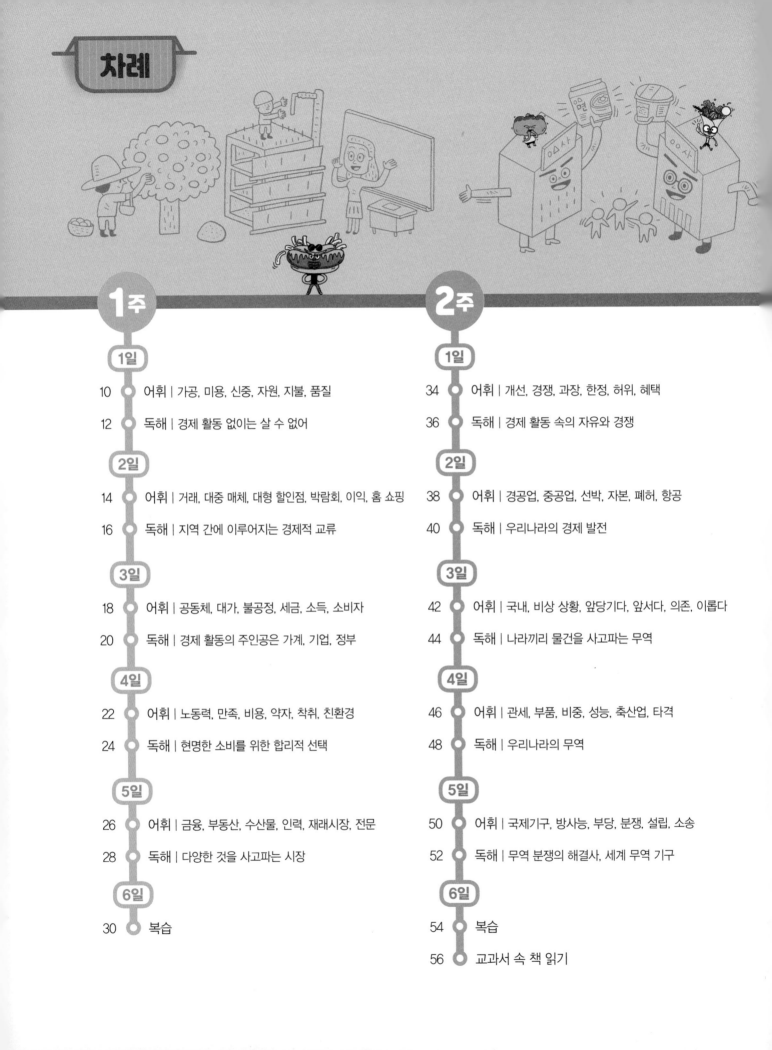

차례

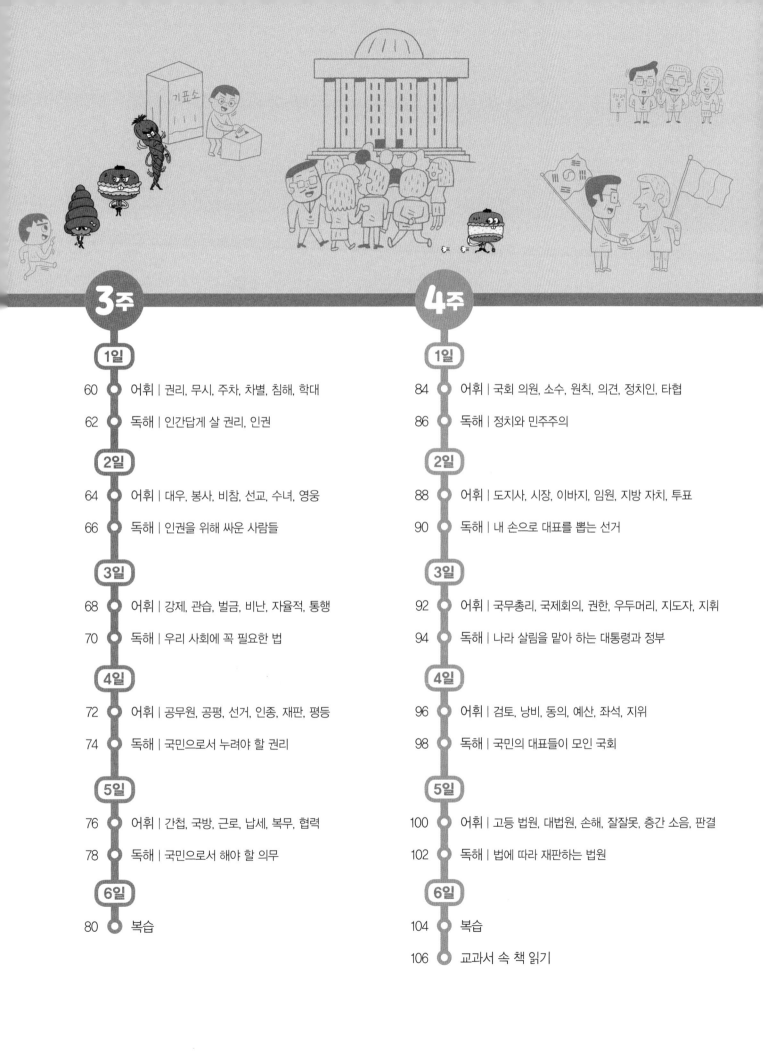

1주 경제 1

1일

어휘 | 가공, 미용, 신중, 자원, 지불, 품질
독해 | 경제 활동 없이는 살 수 없어

2일

어휘 | 거래, 대중 매체, 대형 할인점, 박람회, 이익, 홈 쇼핑
독해 | 지역 간에 이루어지는 경제적 교류

3일

어휘 | 공동체, 대가, 불공정, 세금, 소득, 소비자
독해 | 경제 활동의 주인공은 가계, 기업, 정부

5일

어휘 | 금융, 부동산, 수산물, 인력, 재래시장, 전문
독해 | 다양한 것을 사고파는 시장

4일

어휘 | 노동력, 만족, 비용, 약자, 착취, 친환경
독해 | 현명한 소비를 위한 합리적 선택

6일

복습

어휘

가공 기술이나 힘 등을 이용해 원료나 재료를 새로운 제품으로 만듦.

미용 얼굴이나 피부, 머리를 아름답게 꾸미고 다듬는 것.

신중 매우 조심스러움.

자원 사람이 생활하거나 경제적인 생산을 하는 데 이용되는 원료.

지불 돈을 내거나 값을 치름.

품질 물건의 성질과 바탕.

01 뜻에 알맞은 낱말이 되도록 글자를 모두 찾아 ○ 하세요.

(1) 물건의 성질과 바탕.

 잠 품 프 질 산

(2) 얼굴이나 피부, 머리를 아름답게 꾸미고 다듬는 것.

 비 형 미 조 용

(3) 사람이 생활하거나 경제적인 생산을 하는 데 이용되는 원료.

 자 사 임 원 식

02 낱말의 뜻을 바르게 말한 친구를 모두 찾아 ○ 하세요.

지불은 돈을 내거나 값을 치르는 것을 말해.
핫또야

신중은 말이나 행동이 조심성 없이 가벼운 것을 말해.
꽈리

가공은 기술이나 힘 등을 이용해 원료나 재료를 새로운 제품으로 만드는 것을 말해.
빵이

03 (   ) 안에서 알맞은 낱말을 골라 ○ 하세요.

(1) 우리나라에는 콩, 옥수수, 밀 같은 식량 (자원 | 요원)은 많이 나지 않아요.

(2) 우리 가족은 배를 타기 위해 요금을 (지적 | 지불)하고 표를 샀어요.

(3) 언니는 피부 (수용 | 미용)에 관심이 많아 화장품에 대해 모르는 게 없어요.

(4) 우리 공장에서는 생선을 (가공 | 가결)해 통조림으로 만들어요.

(5) 우리나라의 전자 제품은 (품성 | 품질)이 뛰어나 세계적으로 인기가 높아요.

(6) 내 짝꿍은 어떤 일을 결정할 때 깊게 고민하는 (신중 | 신선)한 성격이에요.

경제 활동 없이는 살 수 없어

사람들은 먹고살기 위해서 끊임없이 무언가를 생산하고 소비해요. 사람이 생활에 필요한 물건을 만들거나 사람들의 생활을 편리하고 즐겁게 해 주는 것을 제공하는 활동을 '생산'이라고 하고, 생산한 것을 구입하여 사용하는 활동을 '소비'라고 해요. 그리고 생산하고 소비하는 모든 활동을 '경제 활동'이라고 하지요.

옛날에는 농사짓는 일이나 고기를 잡는 일과 같이 자연에서 직접 자원을 얻는 일만을 생산 활동이라고 했어요. 하지만 오늘날에는 쌀을 가공하여 과자를 만들거나, 집을 짓는 일처럼 생활에 필요한 것을 만드는 일도 생산 활동이에요. 또 물건을 운반하거나 파는 일, 교육, 진료, 공연, 미용 등과 같이 생활을 편리하게 하고 사람들을 즐겁게 해 주는 서비스도 생산 활동이지요.

우리는 생산 활동을 통해 생산된 것을 돈을 지불하고 소비해요. 시장에서 물건을 사는 것, 음식점에서 음식을 사 먹는 것, 영화를 보는 것, 병원에서 진료받는 것 등이 모두 소비 활동이지요.

우리는 거의 매일 소비 활동을 하고 있고, 또 소비하지 않고는 살 수 없어요. 하지만 우리가 쓸 수 있는 돈은 정해져 있기 때문에 소비할 때는 신중하게 선택해서 필요한 것만 사야 해요. 만약 가족이 모두 사고 싶은 것을 다 사고, 하고 싶은 일을 다 한다면 가정의 살림살이는 금방 어려워질 거예요. 우리는 소비할 때 자신에게 꼭 필요한 것인지, 품질은 좋은지, 가진 돈으로 살 수 있는지 등을 꼼꼼히 따져 현명한 소비를 해야 해요.

모두 생산 활동을 하는 모습이야.

01 무엇에 대한 설명인지 알맞은 말을 쓰세요.

(1) 생산한 것을 구입하여 사용하는 활동

(2) 생활에 필요한 물건을 만들거나 사람들의 생활을 편리하고 즐겁게 해 주는 것을 제공하는 활동

(3) 생산하고 소비하는 모든 활동

02 생산 활동에 해당하지 <u>않는</u> 일을 고르세요. (　　　)

① 고기를 잡는 일　　　　　② 음식을 사 먹는 일

③ 물건을 운반하는 일　　　④ 연극을 공연하는 일

03 소비에 대한 설명이 맞으면 ○, 틀리면 ✕ 하세요.

(1) 우리는 생산 활동을 통해 생산된 것을 돈을 지불하고 소비해요. 　(　　　)

(2) 우리는 거의 매일 소비 활동을 하고, 소비하지 않고는 살 수 없어요. 　(　　　)

(3) 집을 짓는 일과 물건을 파는 일은 소비 활동이에요. 　(　　　)

04 현명한 소비에 대해 바르게 말한 친구를 모두 찾아 ○ 하세요.

물건의 품질과 상관없이 화려한 것을 사야 해.

핫또야

자신에게 꼭 필요한 것인지 따져 본 뒤 사야 해.

또띠

가진 돈으로 살 수 있는 것인지 따져 보고 사야 해.

꽈리

거래 돈이나 물건을 주고받거나 사고팖.

대중 매체 신문, 잡지, 텔레비전 등과 같이 많은 사람에게 정보와 생각을 전달하는 수단.

대형 할인점 다양한 제품을 시중보다 저렴한 가격으로 할인하여 판매하는, 큰 규모의 점포.

박람회 홍보나 판매 등을 목적으로 일정 기간 동안 온갖 물품을 사람들에게 보여 주는 행사.

이익 물질적으로나 정신적으로 보탬이나 도움이 되는 것.

홈 쇼핑 집에서 텔레비전, 인터넷 등을 보고 상품을 골라 전화나 인터넷을 통해 사는 일.

01 낱말에 대한 설명이 맞으면 ○, 틀리면 ✕ 하세요.

(1) '이익'은 물질적으로나 정신적으로 피해를 주는 것을 말해요.   (   )

(2) '박람회'는 홍보나 판매 등을 목적으로 일정 기간 동안 온갖 물품을
사람들에게 보여 주는 행사를 말해요.   (   )

(3) '홈 쇼핑'은 물건을 사지 아니하고 눈으로만 보고 즐기는 일을 말해요.   (   )

(4) '대중 매체'는 신문, 잡지, 텔레비전 등과 같이 많은 사람에게 정보와
생각을 전달하는 수단을 말해요.   (   )

(5) '대형 할인점'은 비싼 제품만 모아서 판매하는 큰 상점을 말해요.   (   )

(6) '거래'는 돈이나 물건을 주고받거나 사고파는 것을 말해요.   (   )

02 빈칸에 알맞은 낱말을 찾아 선으로 이으세요.

(1) 우리 동네에 물건을 싸게 파는 커다란 ☐이 새로 생겼어요.   •

• ㉠ 박람회

(2) 우리 고장에서는 봄마다 다양한 꽃을 주제로 하는 꽃 ☐가 열려요.   •

• ㉡ 대형 할인점

(3) 나는 ☐ 방송에서 갈비를 파는 것을 보고 전화로 주문했어요.   •

• ㉢ 홈 쇼핑

03 빈 곳에 알맞은 낱말을 보기 에서 찾아 쓰세요.

보기

이익

거래

대중 매체

(1) 우리 회사는 지방에 있는 회사와 오랫동안 ＿＿＿＿＿＿ 했어요.

(2) 우리 주변에는 텔레비전, 신문, 잡지, 라디오 등 다양한
＿＿＿＿＿＿ 가 있어요.

(3) 그는 자기에게 ＿＿＿＿＿＿ 이 되지 않는 일은 하지 않아요.

지역 간에 이루어지는 경제적 교류

어떤 사람은 그림을 잘 그리고 어떤 사람은 만들기를 잘하고 어떤 사람은 병을 잘 고쳐요. 이렇게 사람마다 잘하는 것이 다르기 때문에 서로 돕고 살면 필요한 것을 모두 얻을 수 있어요. 지역도 마찬가지예요. 지역마다 자연환경, 자원, 생산 기술 등이 다르기 때문에 생산하는 것도 달라요. 그래서 우리 지역에서 나지 않거나 부족한 것을 얻으려면 다른 지역과 경제적 교류를 해야 하지요.

개인이나 지역이 경제적 이익을 얻기 위해 물건, 기술, 정보 등을 서로 주고받는 것을 '경제적 교류'라고 해요. 우리 주변에 있는 상품들이 어디에서 왔는지 원산지를 살펴보면 우리 지역이 다른 지역이나 다른 나라와 경제적 교류를 얼마나 많이 하는지 쉽게 알 수 있어요.

지역 간에 경제적 교류를 하는 방법은 여러 가지예요. 옛날에는 지역 간의 경제적 교류가 대부분 시장에서 이루어졌지만, 오늘날에는 교통과 통신의 발달로 다양한 장소에서 다양한 방법으로 이루어지지요. 지역들은 전통 시장, 백화점, 대형 할인점, 쇼핑센터 같은 대형 시장을 이용해 경제적 교류를 해요. 또 시장에 직접 가지 않고 인터넷, 스마트폰, 홈 쇼핑 같은 대중 매체를 이용해 장소나 시간에 상관없이 상품의 정보를 얻고, 물건을 쉽고 편하게 거래하지요. 다양한 문화 활동과 함께 교류하거나 지역의 특산물이나 관광 자원 등을 홍보하기 위해 박람회나 축제를 열어 교류하기도 해요.

지역은 다른 지역과의 경제적 교류를 통해 경제적 이익을 얻고, 다른 지역 사람들과 가깝게 지낼 수도 있어요. 또 다른 지역 사람들의 경험이나 기술 등을 배울 수도 있지요.

자기 지역에서 나지 않는 것을 경제적 교류를 통해 얻어.

01 다른 지역과 경제적 교류가 필요한 이유로 <u>틀린</u> 것을 고르세요. (   )

① 지역마다 자연환경이 다르기 때문이에요.

② 지역마다 자원이 다르기 때문이에요.

③ 지역마다 교통수단이 다르기 때문이에요.

④ 지역마다 생산 기술이 다르기 때문이에요.

02 개인이나 지역이 경제적 이익을 얻기 위해 물건, 기술, 정보 등을 서로 주고받는 것을 무엇이라고 하는지 쓰세요.

> [   ]

03 오늘날 지역 간에 경제적 교류를 하는 방법을 보기 에서 모두 찾아 기호를 쓰세요.

> 보기
>
> ㉠ 대형 시장을 이용한 교류   ㉡ 대중 매체를 이용한 교류
>
> ㉢ 학교를 이용한 교류   ㉣ 다양한 문화 활동과 함께 하는 교류
>
> ㉤ 박람회나 축제를 통한 교류   ㉥ 편지를 이용한 교류

(,   ,   ,   )

04 지역 간에 경제적 교류를 하면 좋은 점을 모두 고르세요. (,   )

① 경제적 이익을 얻을 수 있어요.

② 지역에 천연자원이 많이 나요.

③ 인터넷을 더 편리하게 이용할 수 있어요.

④ 다른 지역 사람들과 가깝게 지낼 수 있어요.

어휘

공동체 생활이나 행동 또는 목적 따위를 같이하는 집단.

우리 농구부원들은 모두 한 공동체이니 서로 친하게 지내거라.

네!

나도 저 공동체에 들고 싶다!

대가 어떤 일에 들인 노력에 대한 보수.

난 분리배출을 도와주는 대가로 용돈을 받았어.

부모님도 돕고 용돈도 받고, 좋겠다!

불공정 손해나 이익이 어느 한쪽으로 치우쳐 올바르지 않음.

저 심판은 우리나라 선수가 반칙을 하지 않았는데 왜 경고를 주지? 불공정해!

에이, 화나! 심판을 바꾸고 싶어!

세금 국가 또는 지방 자치 단체가 국민이나 주민한테서 강제로 거두어들이는 돈.

재산세를 낼 때가 되었구나.

재산세가 뭐예요?

재산세나 자동차세 등은 지방 자치 단체에 내는 세금이야.

소득 일정 기간 동안에 정해진 일을 하고 그 대가로 받는 수입.

지난달보다 손님이 많은 것 같아.

이달에는 소득이 늘겠어.

와글와글

소비자 생산자가 만든 물건이나 서비스 등을 돈을 주고 사는 사람.

난 농사를 지어 쌀, 채소, 과일 등을 생산하는 생산자야.

난 생산자가 만든 물건을 돈을 주고 사는 소비자야.

01 뜻에 알맞은 낱말이 되도록 보기 에서 글자를 모두 찾아 빈칸에 쓰세요.

보기   소   대   득   공   동   가   체

(1) 어떤 일에 들인 노력에 대한 보수. ⋯⋯⋯⋯⋯⋯⋯⋯⋯ ☐☐

(2) 일정 기간 동안에 정해진 일을 하고 그 대가로 받는 수입. ⋯⋯ ☐☐

(3) 생활이나 행동 또는 목적 따위를 같이하는 집단. ⋯⋯⋯ ☐☐☐

02 낱말의 뜻을 찾아 선으로 이으세요.

(1) 세금 •

(2) 소비자 •

(3) 불공정 •

• ㉠ 생산자가 만든 물건이나 서비스 등을 돈을 주고 사는 사람.

• ㉡ 손해나 이익이 어느 한쪽으로 치우쳐 올바르지 않음.

• ㉢ 국가 또는 지방 자치 단체가 국민이나 주민한테서 강제로 거두어들이는 돈.

03 밑줄 친 낱말이 바르게 쓰인 것을 모두 찾아 ✔ 하세요.

(1) 오늘 식당에서 일하고 그 **대가**로 팔만 원을 받았어요. ☐

(2) 우리는 같은 조상의 피를 이어받은 민족 **공동체**예요. ☐

(3) 판사는 법에 따라 **불공정**한 재판을 하려고 노력했어요. ☐

(4) 회사나 공장에서 일하고 받는 돈을 근로 **소득**이라고 해요. ☐

(5) 정부는 국민들에게 **세금**을 걷어 그 돈으로 국가를 운영해요. ☐

(6) 농산물 직거래 장터에서는 **소비자**가 생산한 물건을 직접 팔아요. ☐

경제 활동의 주인공은 가계, 기업, 정부

사람들은 흔히 기업만 경제 활동을 한다고 생각해요. 물론 기업이 경제 활동에서 중요한 역할을 하지만, 가계와 정부도 기업만큼 중요한 역할을 하지요.

'가계'는 가정 살림을 같이하는 생활 공동체를 말해요. 가계는 여러 가지 생산 활동에 참여하고 그 대가로 소득을 얻어요. 그리고 소득으로 기업에서 생산한 물건과 서비스를 구매하고, 소득의 일부를 정부에 세금으로 내지요.

'기업'은 돈을 벌기 위해 물건을 만들어 팔거나 서비스를 제공하는 집단이에요. 기업은 사람들이 필요로 하는 것을 생산해 판매할 뿐만 아니라 가계에 일자리를 제공하기도 해요. 그리고 생산 활동을 통해 번 돈으로 기업에서 일한 가계 구성원에게 임금을 주고, 정부에 세금을 내지요. 또 더 좋은 제품을 만들기 위한 기술을 개발해 사람들의 삶을 더욱 풍요롭게 만들기도 해요.

정부는 가계와 기업으로부터 세금을 거두어들여 그 돈으로 가계와 기업의 경제 활동을 도와요. 가계와 기업이 경제 활동을 원활하게 하는 데 필요한 도로, 항구, 다리 같은 시설들을 만들고, 경찰서나 소방서 같은 공공 기관을 운영해 국민이 안전하게 생활할 수 있게 하지요. 또 불공정한 거래를 하거나 소비자들에게 피해를 주는 기업이 있으면 정부가 나서서 제재하여 경제 질서가 유지되도록 해 주어요.

이처럼 가계와 기업, 정부는 톱니바퀴처럼 서로 맞물려 우리 사회를 원활하게 돌아가게 해요. 그렇기 때문에 어느 하나라도 제 역할을 하지 못하면 경제가 어려워진답니다.

01 무엇에 대한 설명인지 찾아 선으로 이으세요.

(1) 가정 살림을 같이하는 생활 공동체 •

(2) 돈을 벌기 위해 물건을 만들어 팔거나 서비스를 제공하는 집단 •

• ㉠ 기업

• ㉡ 가계

02 가계에 대한 글을 읽고, 알맞은 말에 ○ 하세요.

⑴ 가계는 여러 가지 생산 활동에 참여하고 (소득 | 노동력)을 얻어요.

⑵ 가계는 (정부 | 기업)에서 생산한 물건과 서비스를 구매하고, (정부 | 기업)에 세금을 내요.

03 기업이 하는 일이 <u>아닌</u> 것을 고르세요. (   )

① 사람들이 필요로 하는 것을 생산해요.

② 가계에 일자리를 제공해요.

③ 정부에 세금을 내요.

④ 시장에서 물건을 구입해요.

04 경제 활동에서 정부가 하는 일을 바르게 말한 친구를 모두 찾아 ○ 하세요.

도로나 항구 같은 시설을 만들어.

다양한 서비스를 제공해.

좋은 제품을 만들기 위해 기술을 개발해.

불공정한 거래를 하는 기업을 제재해.

빵이

소라

핫또야

또띠

어휘

노동력 일을 하는 데 쓰이는 사람의 정신적 능력과 육체적 능력.

만족 기대하거나 필요한 것이 부족함 없거나 마음에 듦.

비용 어떤 일을 하는 데 드는 돈.

약자 힘이나 세력이 약한 사람.

착취 자원이나 재산, 노동력 등을 정당한 대가를 주지 않고 빼앗아 이용함.

친환경 자연환경을 손상시키지 않고 자연 그대로의 환경과 잘 어울리는 일.

01 (   ) 안에 알맞은 낱말을 [보기]에서 찾아 기호를 쓰세요.

[보기]   ㉠ 힘   ㉡ 돈   ㉢ 노동력   ㉣ 자연환경   ㉤ 만족   ㉥ 착취

(1) 비용 : 어떤 일을 하는 데 드는 (   ).

(2) (   ) : 기대하거나 필요한 것이 부족함 없거나 마음에 듦.

(3) 약자 : (   )이나 세력이 약한 사람.

(4) (   ) : 일을 하는 데 쓰이는 사람의 정신적 능력과 육체적 능력.

(5) 친환경 : (   )을 손상시키지 않고 자연 그대로의 환경과 잘 어울리는 일.

(6) (   ) : 자원이나 재산, 노동력 등을 정당한 대가를 주지 않고 빼앗아 이용함.

02 빈칸에 알맞은 글자를 모두 찾아 ○ 하세요.

(1) 오래된 집을 새로 고치는 데 많은 ☐☐이 들었어요.

비   기   윤   용

(2) 새로 생긴 음식점은 맛도 좋고 가격도 싸서 모두 ☐☐했어요.

불   만   신   족

(3) 힘이 있다고 ☐☐를 괴롭히면 안 돼요.

약   족   자   수

03 ☐☐ 안에서 알맞은 낱말을 골라 ○ 하세요.

(1) 전기 자동차는 오염 물질을 배출하지 않는 | **친환경** | **친화력** | 자동차예요.

(2) 노동자는 기업에 | **순발력** | **노동력** | 을 제공하고, 그 대가로 월급을 받아요.

(3) 어린이들의 노동력을 | **착각** | **착취** | 하는 것은 옳지 못해요.

현명한 소비를 위한 합리적 선택

가족은 가족 구성원이 벌어들이는 소득으로 다 같이 생활해요. 그런데 가정의 소득은 한정되어 있기 때문에 가족들은 원하는 것을 모두 구입할 수는 없어요. 따라서 정해진 소득 안에서 현명하게 소비 생활을 해야 해요.

현명한 소비 생활을 하기 위해서는 가장 적은 비용으로 가장 큰 만족을 얻을 수 있는 합리적인 선택을 해야 해요. 합리적인 선택을 하려면 어떤 물건을 먼저 살지 우선순위를 정해야 해요. 또 물건을 고를 때 어떤 점을 먼저 고려할지 선택 기준을 세워야 해요. 선택 기준에는 품질, 디자인, 기능, 상표, 가격 등 여러 가지가 있는데, 사람마다 중요하게 생각하는 선택 기준이 달라요. 어떤 사람은 가격을 우선하여 따지지만, 어떤 사람은 가격이 비싸더라도 품질이 우수한 것을 선택하지요.

선택 기준을 정하면 그 기준에 따라 여러 물건을 비교하고 평가해 가장 좋은 것을 선택해요. 가격이 비슷하다면 품질이 더 우수한 것을, 품질과 디자인이 비슷하다면 가격이 더 싼 것을 고르는 것이 합리적 선택이지요.

최근에는 상품이나 서비스를 소비할 때 환경, 이웃, 세계 등 다양한 사회적 가치까지 고려하는 사람이 늘고 있어요. 환경과 사회에 미치는 영향까지 고려해 상품이나 서비스를 소비하는 것을 '착한 소비'라고 해요. 가격이 더 비싸더라도 친환경적인 물건이나 사회적 약자를 위하는 기업의 물건을 사는 것 등이 착한 소비에 해당하지요. 물건을 만드는 사람의 노동력을 착취하지 않고, 노동에 대한 정당한 대가를 지불하여 만드는 제품을 사는 것도 착한 소비랍니다.

01 현명한 소비 생활에 대한 글을 읽고, 알맞은 말에 ○ 하세요.

> 현명한 소비 생활을 하려면 정해진 소득 안에서 가장 (적은 | 많은) 비용으로 가장
>
> (작은 | 큰) 만족을 얻을 수 있는 합리적인 선택을 해야 해요.

02 합리적인 선택을 하기 위해 해야 할 일을 모두 찾아 ✔ 하세요.

⑴ 어떤 물건을 먼저 살지 우선순위를 정해요.

⑵ 물건을 누구랑 사러 갈지 정해요.

⑶ 물건을 고를 때 어떤 점을 먼저 고려할지 선택 기준을 세워요.

⑷ 자신이 정한 선택 기준에 따라 여러 물건을 비교하고 평가해요.

03 환경과 사회에 미치는 영향까지 고려해 상품이나 서비스를 소비하는 것을 무엇이라고 하는지
쓰세요.

04 착한 소비에 해당하지 <u>않는</u> 것을 고르세요. (   )

① 가격이 비싸도 친환경적인 물건을 사요.

② 사회적 약자를 위하는 기업의 물건을 사요.

③ 아이들의 노동력을 착취해서 만드는 제품을 사요.

④ 노동에 대한 정당한 대가를 지불하여 만드는 제품을 사요.

금융 은행 같은 곳에서 돈을 빌려주거나 빌려 쓰는 일을 두루 이르는 말.

부동산 땅이나 건물과 같이 움직여 옮길 수 없는 재산.

수산물 바다나 강 등의 물에서 나는 물고기, 조개, 미역 등의 생물.

인력 사람의 노동력.

재래시장 한 지역에 예전부터 있어 온 시장.

전문 어떤 분야에 많은 지식과 경험을 가지고 그 분야만 연구하거나 맡음. 또는 그 분야.

01 뜻에 알맞은 낱말을 찾아 선으로 이으세요.

(1) 바다나 강 등의 물에서 나는 물고기, 조개, 미역 등의 생물.   •

• ㉠ 전문

(2) 한 지역에 예전부터 있어 온 시장.   •

• ㉡ 수산물

(3) 어떤 분야에 많은 지식과 경험을 가지고 그 분야만 연구하거나 맡음. 또는 그 분야.   •

• ㉢ 재래시장

02 ( ) 안에서 알맞은 낱말을 골라 ○ 하세요.

(1) 인력 : 사람의 (인내력 | 노동력).

(2) 금융 : 은행 같은 곳에서 (돈 | 은)을 빌려주거나 빌려 쓰는 일을 두루 이르는 말.

(3) 부동산 : 땅이나 건물과 같이 움직여 옮길 수 (있는 | 없는) 재산.

03 빈 곳에 알맞은 낱말을 보기 에서 찾아 쓰세요.

보기   금융   인력   전문   부동산   수산물   재래시장

(1) 우리 섬 주변 바다에서는 ＿＿＿＿＿＿＿ 이 엄청 많이 나요.

(2) 은행은 우리가 자주 이용하는 대표적인 ＿＿＿＿＿＿＿ 기관이에요.

(3) 밤새 눈이 많이 쌓여 눈을 치울 ＿＿＿＿＿＿＿ 이 많이 필요해요.

(4) 고모는 집과 땅 같은 ＿＿＿＿＿＿＿ 이 많아요.

(5) 오래된 ＿＿＿＿＿＿＿ 에는 싸고 좋은 물건이 많아요.

(6) 우리 동네에 동물 치료를 ＿＿＿＿＿＿＿ 으로 하는 병원이 새로 문을 열었어요.

다양한 것을 사고파는 시장

우리는 주로 시장에서 필요한 물건을 쉽게 구해요. 보통 시장이라고 하면 온갖 물건들이 잔뜩 쌓여 있는 재래시장을 생각하기 쉬워요. 하지만 물건과 서비스를 사고파는 곳은 모두 다 시장이에요. 동네에 있는 슈퍼마켓과 편의점도 시장이고, 백화점과 대형 할인점도 시장이에요. 곡식, 채소, 과일 등을 파는 농산물 시장, 생선이나 조개 등을 파는 수산물 시장, 꽃과 화분을 파는 꽃 시장처럼 특정한 상품만을 파는 전문 시장도 있어요. 최근에는 방송 기술과 컴퓨터가 발달하면서 텔레비전 홈 쇼핑, 인터넷 쇼핑 등이 등장해 시장이 더욱 다양해졌지요.

시장에서는 물건만 사고파는 것이 아니에요. 서비스를 사고파는 시장도 있지요. 병원에서는 진료라는 서비스를, 학원에서는 교육이라는 서비스를 팔아요. 또 사람의 노동력을 사고파는 인력 시장, 집과 땅 같은 것을 사고파는 부동산 시장, 돈을 빌리고 빌려주는 금융 시장 등도 서비스를 사고파는 시장이지요.

시장은 우리 생활에서 여러 가지 중요한 역할을 해요. 시장은 물건을 살 사람과 팔 사람을 연결해 주는 다리 역할을 해요. 시장이 있어서 물건을 사는 사람은 질 좋고 다양한 상품을 한곳에서 손쉽게 구할 수 있고, 물건을 파는 사람은 물건을 팔기 위해 이리저리 찾아다니지 않아도 되지요. 또 시장은 물건 가격을 결정해요. 팔려는 물건의 양이 많고 사려는 사람이 적으면 물건값이 내려가고, 팔려는 물건의 양이 적고 사려는 사람이 많으면 물건값이 올라가지요. 시장은 물건을 얼마만큼 생산할지를 알려 주기도 해요. 물건을 만드는 사람은 시장에서 사람들이 물건을 많이 찾으면 물건을 많이 만들고, 물건을 적게 찾으면 물건을 적게 만들지요.

01 시장에 대한 설명이 맞으면 ○, 틀리면 ✕ 하세요.

(1) 물건과 서비스를 사고파는 곳은 모두 시장이에요.   (   )

(2) 슈퍼마켓, 편의점, 백화점도 시장이에요.   (   )

(3) 여러 가지 물건을 모아 놓고 파는 시장은 있어도 특정한 상품만 파는
전문 시장은 없어요.   (   )

02 최근에 방송 기술과 컴퓨터의 발달로 새롭게 등장한 시장을 모두 찾아 ○ 하세요.

농산물 시장   홈 쇼핑   백화점   인터넷 쇼핑

03 어떤 시장에 대한 설명인지 찾아 선으로 이으세요.

(1) 집과 땅 같은 것을 사고파는 시장   •   • ㉠ 부동산 시장

(2) 돈을 빌리고 빌려주는 시장   •   • ㉡ 인력 시장

(3) 사람의 노동력을 사고파는 시장   •   • ㉢ 금융 시장

04 시장이 하는 역할이 <u>아닌</u> 것을 고르세요. (   )

① 물건을 살 사람과 팔 사람을 연결해 주어요.

② 물건의 가격을 결정해요.

③ 물건을 만들어 제공해 주어요.

④ 물건을 얼마만큼 생산할지를 알려 주어요.

 사다리를 타고 내려가서 낱말의 뜻이 맞으면 ◯, 틀리면 ✕에 ✔ 하세요.

자원   이익   소비자   비용

어떤 일에 들인 노력에 대한 보수.	일정 기간 동안에 정해진 일을 하고 그 대가로 받는 수입.	생산자가 만든 물건이나 서비스 등을 돈을 주고 사는 사람.	사람이 생활하거나 경제적인 생산을 하는 데 이용되는 원료.
◯ ✕	◯ ✕	◯ ✕	◯ ✕

 가공    거래   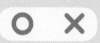 착취    불공정

기술이나 힘 등을 이용해 원료나 재료를 새로운 제품으로 만듦.	손해나 이익이 어느 한쪽으로 치우쳐 올바르지 않음.	돈을 내거나 값을 치름.	자원이나 재산, 노동력 등을 정당한 대가를 주지 않고 빼앗아 이용함.
◯ ✕	◯ ✕	◯ ✕	◯ ✕

글의 내용이 맞으면 ○, 틀리면 ×를 각 문제의 번호가 쓰인 빙고 판에 표시하세요. 그런 다음 빙고가 모두 몇 개 나왔는지 빈칸에 쓰세요.

1. 생산하고 소비하는 모든 활동을 경제 활동이라고 해요.

2. 물건을 사는 것, 음식을 사 먹는 것, 영화를 보는 것은 소비 활동이에요.

3. 지역마다 자연환경, 자원, 생산 기술 등이 달라 경제적 교류가 필요해요.

4. 가계는 생산 활동은 하지 않고 소비 활동만 해요.

5. 가계와 기업은 정부에 세금을 내요.

6. 현명한 소비 생활을 하려면 가장 적은 비용으로 가장 큰 만족을 얻을 수 있는 합리적인 선택을 해야 해요.

7. 사람들은 물건을 선택할 때 중요하게 생각하는 기준이 모두 같아요.

8. 시장에서는 물건만 팔아요.

9. 시장은 물건을 살 사람과 팔 사람을 연결해 주어요.

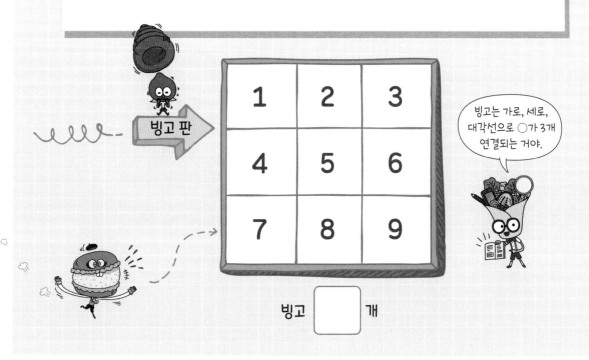

빙고 판

1	2	3
4	5	6
7	8	9

빙고는 가로, 세로, 대각선으로 ○가 3개 연결되는 거야.

빙고 [ ] 개

2주 경제 2

1일

어휘 | 개선, 경쟁, 과장, 한정, 허위, 혜택
독해 | 경제 활동 속의 자유와 경쟁

2일

어휘 | 경공업, 중공업, 선박, 자본, 폐허, 항공
독해 | 우리나라의 경제 발전

3일

어휘 | 국내, 비상 상황, 앞당기다, 앞서다, 의존, 이롭다
독해 | 나라끼리 물건을 사고파는 무역

5일

어휘 | 국제기구, 방사능, 부당, 분쟁, 설립, 소송
독해 | 무역 분쟁의 해결사, 세계 무역 기구

4일

어휘 | 관세, 부품, 비중, 성능, 축산업, 타격
독해 | 우리나라의 무역

6일

복습
교과서 속 책 읽기

개선 부족한 점, 잘못된 점, 나쁜 점 등을 고쳐서 더 좋아지게 함.

경쟁 같은 목적에 대하여 이기거나 앞서려고 서로 겨룸.

과장 사실에 비해 지나치게 크거나 좋게 부풀려 나타냄.

한정 수량이나 범위 등을 제한하여 정함. 또는 그런 한도.

허위 진실이 아닌 것을 진실인 것처럼 꾸민 것.

혜택 제도나 환경, 다른 사람 등으로부터 받는 도움이나 이익.

01 낱말의 뜻을 보기 에서 찾아 기호를 쓰세요.

보기

㉠ 수량이나 범위 등을 제한하여 정함. 또는 그런 한도.

㉡ 같은 목적에 대하여 이기거나 앞서려고 서로 겨룸.

㉢ 제도나 환경, 다른 사람 등으로부터 받는 도움이나 이익.

㉣ 부족한 점, 잘못된 점, 나쁜 점 등을 고쳐서 더 좋아지게 함.

㉤ 진실이 아닌 것을 진실인 것처럼 꾸민 것.

㉥ 사실에 비해 지나치게 크거나 좋게 부풀려 나타냄.

(1) 경쟁 (   )   (2) 개선 (   )   (3) 혜택 (   )

(4) 과장 (   )   (5) 한정 (   )   (6) 허위 (   )

02 빈칸에 알맞은 글자를 모두 찾아 ○ 하세요.

(1) 두 회사는 더 좋은 자동차를 만들기 위해
서로 ☐☐을 했어요.

| 경 | 강 | 쟁 | 움 |

(2) 이번 달에 학원에 등록하면 2만 원을
할인해 주는 ☐☐을 드려요.

| 범 | 혜 | 위 | 택 |

03 (   ) 안에서 알맞은 낱말을 골라 ○ 하세요.

(1) 이 광산에서 나는 석탄의 양은 (한정 | 인정)되어 있어요.

(2) 그 회사는 냉장고의 기능을 실제보다 훨씬 부풀려 (과민 | 과장) 광고를 했어요.

(3) 학교 식당의 음식 맛이 예전보다 많이 (개막 | 개선)되었네요.

(4) (허위 | 허용) 광고를 보고 물건을 사면 피해를 입을 수 있어요.

경제 활동 속의 자유와 경쟁

우리나라에서 사람들은 자신이 원하는 물건을 자유롭게 골라 살 수 있어요. 또 다른 사람의 강요나 간섭을 받지 않고 자신이 원하는 직업을 선택할 수도 있고, 자신이 번 돈을 자유롭게 쓸 수도 있지요. 하지만 때로는 자신이 원하는 것을 얻기 위해 다른 사람과 경쟁을 하기도 해요. 예를 들어 원하는 직업을 가지려면 일자리가 한정되어 있기 때문에 다른 사람과 경쟁을 하게 되지요.

기업도 자유롭게 경제 활동을 해요. 기업은 어떤 물건을 만들어 팔지, 물건을 판매해서 번 돈을 어떻게 쓸지 자유롭게 정할 수 있지요. 하지만 기업도 많은 물건을 팔아서 더 많은 이익을 얻기 위해 다른 기업과 경쟁을 해요.

개인과 기업의 경쟁은 사회 전체에 도움이 되어요. 개인은 경쟁에서 이기기 위해 더 노력해서 자기 능력과 실력을 키워요. 기업은 물건을 더 많이 팔기 위해 끊임없이 기술을 개발하고 품질, 서비스, 디자인 등을 개선하려고 노력해요. 그로 인해 소비자들은 품질이 좋은 물건을 싸게 살 수 있고, 더 나은 서비스 혜택을 받을 수 있지요. 이러한 개인과 기업의 노력은 나라 전체의 경제를 발전시켜요.

하지만 경쟁이 지나치면 개인은 경쟁에 뒤처질까 봐 불안감에 빠질 수 있고 사회 구성원 간에 협동심이 약화될 수 있어요. 기업들은 생산 가격을 낮추기 위해 값싸고 질 나쁜 재료를 사용하거나 허위 광고, 과장 광고를 하여 물건을 사는 소비자들이 피해를 볼 수도 있어요. 적당한 경쟁은 개인과 기업을 모두 성장시키지만, 지나친 경쟁은 모두에게 피해를 줄 수도 있답니다.

01 우리나라에서 개인과 기업의 경제 활동에 대해 바르게 말한 친구를 모두 찾아 ○ 하세요.

개인은 직업을 자유롭게 선택할 수 없어.

빵이

개인은 자신이 번 돈을 자유롭게 쓸 수 있어.

소라

기업은 번 돈을 국가의 허락을 받고 써야 해.

핫또야

기업은 어떤 물건을 만들어 팔지 자유롭게 정할 수 있어.

꽈리

02 우리나라의 경제에 대한 글을 읽고, 빈칸에 공통으로 들어갈 알맞은 말을 쓰세요.

개인은 자신이 원하는 직업을 얻기 위해 다른 사람과 [ ]을 하고, 기업은 많은 물건을 팔아서 더 많은 이익을 얻기 위해 다른 기업과 [ ]을 해요.

03 기업의 경쟁으로 소비자가 얻는 좋은 점을 모두 고르세요. (,   )

① 개인의 능력과 실력을 키울 수 있어요.

② 품질이 좋은 물건을 싸게 살 수 있어요.

③ 더 나은 서비스 혜택을 받을 수 있어요.

④ 좋은 일자리를 얻을 수 있어요.

04 개인과 기업의 경쟁에 대해 바르게 설명한 것을 모두 찾아 ✔ 하세요.

(1) 적당한 경쟁은 개인과 기업을 모두 성장시켜요. ☐

(2) 경쟁이 지나치면 개인은 뒤처질까 봐 불안감에 빠질 수 있어요. ☐

(3) 경쟁이 지나치면 소비자들은 더 큰 혜택을 얻을 수 있어요. ☐

(4) 경쟁이 지나치면 기업들이 허위 광고나 과장 광고를 해서 소비자들이 피해를 볼 수 있어요. ☐

경공업 부피에 비해 무게가 가벼운 물건을 만드는 공업.

중공업 부피에 비해 무게가 꽤 무거운 물건을 만드는 공업.

선박 사람이나 짐 따위를 싣고 물 위로 떠다니도록 나무나 쇠 따위로 만든 물건.

자본 장사나 사업 등을 하는 데에 바탕이 되는 돈.

폐허 건물 등이 파괴되어 못 쓰게 된 터.

항공 비행기로 공중을 날아다님.

01 낱말의 뜻을 찾아 선으로 이으세요.

(1) 항공 •   • ㉠ 건물 등이 파괴되어 못 쓰게 된 터.

(2) 폐허 •   • ㉡ 부피에 비해 무게가 꽤 무거운 물건을 만드는 공업.

(3) 경공업 •   • ㉢ 비행기로 공중을 날아다님.

(4) 중공업 •   • ㉣ 부피에 비해 무게가 가벼운 물건을 만드는 공업.

02 (   ) 안에서 알맞은 낱말을 골라 ○ 하세요.

⑴ (자극 | 자본)은 장사나 사업 등을 하는 데에 바탕이 되는 돈을 말해요.

⑵ (선박 | 선반)은 사람이나 짐 따위를 싣고 물 위로 떠다니도록 나무나 쇠 따위로 만든 물건을 말해요.

03 빈 곳에 알맞은 낱말을 보기 에서 찾아 쓰세요.

보기   선박   폐허   자본   항공   중공업   경공업

⑴ 이 마을은 전쟁 때 폭탄이 떨어져 _____가 되었어요.

⑵ 미용사는 자기 미용실을 내기 위해 _____을 끌어모았어요.

⑶ 1960년대에 우리나라는 신발, 옷 등을 만드는 _____이 발달했어요.

⑷ 항공사는 해외여행객이 많아지자 새로운 _____ 노선을 만들었어요.

⑸ 짐을 실은 _____이 항구를 출발해 이웃 나라로 향했어요.

⑹ 삼촌은 큰 기계를 만드는 _____ 회사에서 일해요.

우리나라의 경제 발전

우리나라는 1950년대까지만 해도 몹시 가난한 나라였어요. 하지만 오늘날은 경제 규모가 세계 10위권 안에 드는 경제 대국이 되었지요. 다른 나라 사람들은 짧은 기간 안에 경제가 눈부시게 발전한 우리나라를 보고 '한강의 기적'이라며 놀라워했어요. 과연 우리나라는 어떻게 경제 성장을 이룬 것일까요?

1950년대 우리나라는 전쟁으로 국토가 폐허가 되었고, 산업 시설이 대부분 파괴되었어요. 하지만 1960년대 초에 정부는 경제 개발 계획을 세우고 공업을 발전시키는 데 힘을 쏟았어요. 정부는 기업이 물건을 만들고 운반해 수출할 수 있도록 발전소, 항구, 고속 국도 등을 만들고, 기업에 다양한 지원을 해 주었어요. 기업은 풍부한 노동력을 활용하여 옷, 신발, 가발과 같은 경공업 제품을 만들어 다른 나라에 수출하며 성장했어요.

기술과 자본이 차차 쌓이자 1970년대에는 철강 제품, 선박 등을 만드는 중공업과 석유나 천연가스를 가공해 물건을 만드는 석유 화학 산업이 발달했어요. 이때 발달한 선박 제조 기술은 우리나라를 세계에서 배를 가장 잘 만드는 나라로 우뚝 세웠지요. 1980년대에는 자동차를 수출하면서 자동차 산업과 정밀 기계 산업이 발달했어요. 그로 인해 국민 소득이 가파르게 상승해 국민의 삶이 크게 향상되었어요.

▲ 선박 제조

우리나라는 1973년에 처음으로 대형 선박을 만들었어.

1988년에 개최한 서울 올림픽 대회는 우리나라의 경제 성장을 세계에 알리는 계기가 되었어요. 그 결과 무역이 더욱 활발해지고, 해외 관광객이 늘어 경제가 급격히 성장했어요. 우리나라는 1990년대에 들어서 컴퓨터와 반도체를 만드는 산업이 크게 발전하고 정보 통신 기술에서도 선두를 달렸어요. 최근에는 로봇 산업, 우주 항공 산업 같은 수준 높은 기술이 필요한 첨단 산업이 발달하고 있어요.

01 다른 나라 사람들이 우리나라의 어떤 모습을 보고 한강의 기적이라고 했는지 찾아 ○ 하세요.

> 문화 발전　　　　경제 발전　　　　정치 발전　　　　스포츠 발전

02 1960년대 우리나라의 경제에 대한 글을 읽고, 알맞은 말에 ○ 하세요.

> ⑴ 정부는 (농업 | 공업)을 발전시키는 데 힘을 쏟았어요.
>
> ⑵ 정부는 기업이 물건을 만들고 운반해 (수입 | 수출)할 수 있도록 항구, 고속 국도 등을 만들었어요.
>
> ⑶ 기업은 옷, 신발, 가방과 같은 (경공업 | 중공업) 제품을 만들어 수출했어요.

03 각 시기에 우리나라는 어떤 산업이 발달했는지 찾아 선으로 이으세요.

⑴ 1970년대 ·　　　　　　　· ㉠ 중공업, 석유 화학 산업

⑵ 1980년대 ·　　　　　　　· ㉡ 컴퓨터, 반도체, 정보 통신 산업

⑶ 1990년대 ·　　　　　　　· ㉢ 자동차, 정밀 기계 산업

04 최근에 우리나라에서 발달하고 있는 산업을 보기 에서 모두 찾아 기호를 쓰세요.

> 보기　　㉠ 로봇 산업　　㉡ 석유 산업　　㉢ 섬유 산업　　㉣ 우주 항공 산업

(　　 , 　　)

국내 나라의 안.

비상 상황 뜻밖의 긴급하고 위급한 상황.

앞당기다 이미 정해진 시간이나 약속을 앞으로 옮기다.

앞서다 능력이나 수준 등이 남보다 더 뛰어나다.

의존 어떠한 일을 자신의 힘으로 하지 못하고 다른 것의 도움을 받아 의지함.

이롭다 도움이나 이익이 되다.

01 뜻에 알맞은 낱말을 <u>보기</u>에서 찾아 빈칸에 쓰세요.

| 보기 | 의존 | 앞서다 | 국내 | 이롭다 | 앞당기다 | 비상 상황 |

(1) 도움이나 이익이 되다. ································

(2) 나라의 안. ································

(3) 능력이나 수준 등이 남보다 더 뛰어나다. ········

(4) 뜻밖의 긴급하고 위급한 상황. ···············

(5) 이미 정해진 시간이나 약속을 앞으로 옮기다. ····

(6) 어떠한 일을 자신의 힘으로 하지 못하고 다른 것의 도움을 받아
의지함. ································

02 　안에서 알맞은 낱말을 골라 ○ 하세요.

(1) 태풍이 오기 전에 과수원의 사과를 | 뒤처져 | 앞당겨 | 따기로 했어요.

(2) 우리나라 경제는 수출에 크게 | 의존 | 의연 | 하고 있어요.

(3) 우리나라의 통신 기술은 다른 어떤 나라보다 | 맞서 | 앞서 | 있어요.

03 밑줄 친 낱말이 바르게 쓰인 것을 모두 찾아 ✔ 하세요.

(1) 우리 병원에는 **국내** 최고의 의사들이 많이 근무해요.

(2) 비행기의 각 좌석에는 **비상 상황**을 대비해 구명조끼가 있어요.

(3) 햄버거, 콜라, 사탕 같은 것을 날마다 많이 먹는 것은 몸에 **이로워요**.

나라끼리 물건을 사고파는 무역

우리 주변을 둘러보면 다른 나라에서 들어온 물건이 많아요. 필리핀산 바나나, 중국산 장난감, 미국산 쇠고기 같은 것 등이 그렇지요. 이처럼 우리가 다른 나라의 물건을 쉽게 구입해 사용할 수 있는 것은 우리나라가 무역을 하기 때문이에요.

'무역'은 나라와 나라 사이에 물건을 사고파는 일을 말해요. 단순히 물건만 사고파는 것뿐만 아니라 기술이나 서비스처럼 눈에 보이지 않는 것들을 사고파는 것도 무역이지요. 무역은 수출과 수입으로 이루어져요. '수출'은 다른 나라에 물건과 서비스를 파는 것이고, '수입'은 다른 나라에서 물건과 서비스를 사 오는 것이에요.

그런데 나라 사이에 왜 무역을 하는 걸까요? 그 이유는 나라마다 자연환경, 자원, 자본, 기술 등이 달라 생산하는 것이 다르기 때문이에요. 그래서 각 나라는 자기 나라에 없는 자원이나 만들기 어려운 물건을 다른 나라에서 수입하고, 자기 나라에서 남는 자원이나 다른 나라보다 잘 만드는 물건을 생산해 수출해서 돈을 벌지요.

무역을 하면 소비자와 기업 모두에게 이익이 생겨요. 소비자들은 필요한 물건을 싸게 살 수 있고, 자기 나라에서 나지 않는 물건을 쉽게 구입할 수 있어요. 기업의 입장에서도 무역을 하면 물건을 더 많이 팔 수 있기 때문에 큰 이익을 남길 수 있어요. 또 다른 나라의 앞선 기술을 배울 수 있어 기술 개발을 앞당길 수도 있지요.

하지만 무역이 이로운 점만 있는 것은 아니에요. 값싼 외국 제품이 국내로 들어오면 같은 종류의 물건을 만드는 국내 기업은 제품이 잘 팔리지 않아 어려움에 처할 수 있어요. 또 수입할 나라에 전쟁과 같은 비상 상황이 생기면 석유같이 꼭 필요한 물건을 수입할 수 없어 생활이나 산업이 곤란을 겪을 수도 있지요. 그러니까 너무 무역에 의존하는 것은 좋지 않아요.

나라마다 잘 만드는 것을 생산해 무역을 통해 교환해.

2주
3일

01 빈 곳에 알맞은 말을 보기 에서 찾아 쓰세요.

보기

수입

수출

무역

(1) 나라와 나라 사이에 물건을 사고파는 일을 _____이라고 해요.

(2) 다른 나라에 물건과 서비스를 파는 것을 _____이라고 해요.

(3) 다른 나라에서 물건과 서비스를 사 오는 것을 _____이라고 해요.

02 무역을 하는 이유에 대한 글을 읽고, 빈 곳에 알맞은 말을 쓰세요.

나라마다 자연환경, _____, 자본, _____ 등이 달라 생산하는 것이

다르기 때문이에요.

03 무역을 하면 좋은 점이 <u>아닌</u> 것을 고르세요. (   )

① 소비자들은 자기 나라에서 나지 않는 물건을 구입할 수 있어요.

② 다른 나라 사람들과 친해질 수 있어요.

③ 기업은 다른 나라의 앞선 기술을 배울 수 있어요.

④ 소비자들은 필요한 물건을 싸게 살 수 있어요.

04 무역을 했을 때 생길 수 있는 문제를 <u>틀리게</u> 말한 친구를 찾아 ○ 하세요.

값싼 외국 제품이 국내로
들어오면 국내 기업의 제품이
잘 팔리지 않을 수 있어.

또띠

수입할 나라에 전쟁이 터지면 꼭
필요한 물건을 수입할 수 없어서
곤란을 겪을 수 있어.

소라

소비자는 외국 제품을
비싸게 살 수밖에 없어서
가정 경제가 어려워져.

핫또야

관세 다른 나라에서 들어오는 상품에 부과되는 세금.

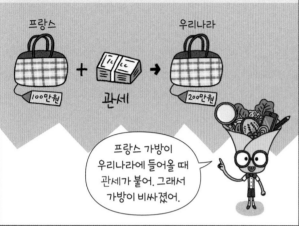

부품 기계 등의 전체 중 어느 한 부분을 이루는 물건.

비중 다른 것과 비교했을 때 가지는 중요성의 정도.

성능 기계 등이 지닌 성질이나 기능.

축산업 가축을 기르고 그 생산물을 가공하는 산업.

타격 어떤 일에서 크게 사기를 꺾거나 손해를 줌.

01 뜻에 알맞은 낱말이 되도록 글자를 모두 찾아 ○ 하세요.

(1) 기계 등의 전체 중 어느 한 부분을
이루는 물건.

| 부 | 미 | 성 | 품 | 능 |

(2) 다른 것과 비교했을 때 가지는
중요성의 정도.

| 기 | 비 | 종 | 헉 | 중 |

(3) 다른 나라에서 들어오는 상품에
부과되는 세금.

| 만 | 관 | 소 | 세 | 예 |

02 낱말의 뜻을 찾아 선으로 이으세요.

(1) 성능 •   • ㉠   어떤 일에서 크게 사기를 꺾거나
손해를 줌.

(2) 축산업 •   • ㉡   기계 등이 지닌 성질이나 기능.

(3) 타격 •   • ㉢   가축을 기르고 그 생산물을
가공하는 산업.

03 (   ) 안에서 알맞은 낱말을 골라 ○ 하세요.

(1) 이 청소기는 (성능 | 성정)이 뛰어나 아주 작은 먼지까지 빨아들여요.

(2) 할아버지는 대규모로 돼지를 키우는 (축산업 | 양봉업)을 해요.

(3) 미국은 우리 정부에 미국 상품의 (집세 | 관세)를 낮추도록 요구했어요.

(4) 수리 기사가 고장 난 에어컨의 (부각 | 부품)을 새것으로 바꾸었어요.

(5) 배추를 기른 농부들은 올해 배춧값이 떨어져 큰 (타격 | 타율)을 입었어요.

(6) 언니는 물건을 고를 때 디자인에 (마중 | 비중)을 많이 두어요.

우리나라의 무역

우리나라는 무역을 아주 활발히 하는 나라예요. 무역 규모가 세계 10위 안에 드는 무역 강국으로, 수입과 수출을 모두 많이 하지요.

우리나라는 천연자원이 부족해 석유, 천연가스, 석탄, 목재 같은 자원을 주로 수입해요. 또 컴퓨터, 자동차 등을 만드는 데 필요한 중요 부품도 수입하지요. 하지만 우리나라는 물건을 만드는 기술은 매우 뛰어나서 수입한 자원으로 자동차, 선박, 휴대 전화, 반도체, 가전제품 등을 만들어 수출해요. 그중에서도 메모리 반도체, 냉장고, 에어컨, 선박 등은 그 성능을 세계적으로 인정받고 있지요.

우리나라는 주로 중국, 일본, 미국과 무역을 해요. 이 세 나라와의 무역량은 전체 무역량의 3분의 1이 넘지요. 무역에서 이 세 나라가 차지하는 비중이 높기 때문에 우리나라의 무역은 이 나라들의 영향을 많이 받아요. 이 나라들의 경제가 나빠지거나 우리나라와 이 나라들과의 관계가 나빠지면 수입이나 수출이 어려워져서 무역에 큰 타격을 입을 수 있지요.

우리나라는 세계 여러 나라와 자유롭게 무역하기 위해 '자유 무역 협정(FTA)'을 맺고 있어요. 자유 무역 협정은 나라와 나라 사이에 물건과 서비스의 자유로운 이동을 위해 세금, 법, 제도 등의 문제를 줄이거나 없애기로 한 약속이에요. 우리나라는 2004년에 칠레와 처음으로 자유 무역 협정을 맺은 이후로 지금까지 50여 개 나라와 이 협정을 맺고 있어요. 자유 무역 협정을 맺은 뒤 우리 기업은 수출품의 관세가 낮아져 수출이 활발해졌어요. 하지만 값싼 외국 제품이 들어오면서 농업, 축산업 등의 국내 산업은 경쟁력이 낮아져 어려움을 겪기도 했답니다.

▲ 수출을 기다리는 자동차

자동차는 오랫동안 우리나라의 주요 수출품이야.

01 우리나라의 주요 수출품과 수입품을 [보기]에서 모두 찾아 기호를 쓰세요.

> **보기**
>
> ㉠ 자동차   ㉡ 선박   ㉢ 석유   ㉣ 천연가스
> ㉤ 메모리 반도체   ㉥ 목재   ㉦ 석탄   ㉧ 가전제품

(1) 수출품 (,   ,   ,   )   (2) 수입품 (,   ,   ,   )

02 우리나라의 무역에 대한 설명이 맞으면 ○, 틀리면 × 하세요.

(1) 우리나라는 무역 규모가 세계 10위 안에 들어요.   (   )

(2) 우리나라는 수입은 적게 하고, 수출은 많이 해요.   (   )

(3) 우리나라는 컴퓨터를 만드는 데 필요한 중요 부품을 많이 수출해요.   (   )

(4) 우리나라는 주로 중국, 일본, 미국과 무역을 해요.   (   )

03 글을 읽고, 무엇에 대한 설명인지 쓰세요.

> 나라와 나라 사이에 물건과 서비스의 자유로운 이동을 위해 세금, 법, 제도 등의 문제를
> 줄이거나 없애기로 한 약속을 말해요.

┌─────────────────────┐
│   │
└─────────────────────┘

04 빈칸에 알맞은 말이 차례대로 묶인 것을 고르세요. (   )

> • 우리나라는 2004년에 [   ]와 처음으로 자유 무역 협정을 맺었어요.
> • 자유 무역 협정을 맺은 뒤 우리 기업은 수출품의 [   ]가 낮아져 수출이 활발해졌어요.

① 미국 – 관세   ② 칠레 – 국세   ③ 미국 – 국세   ④ 칠레 – 관세

어휘

국제기구 특정한 목적을 위하여 둘 이상의 나라가 모여 활동을 하기 위해 만든 조직체.

방사능 방사성 원소가 작은 입자로 부서지면서 사람 몸에 해로운 전자파를 내쏘는 것.

부당 도리에 어긋나서 정당하지 않음.

분쟁 말썽을 일으키어 시끄럽고 복잡하게 다툼.

설립 단체나 기관 등을 새로 만들어 세움.

소송 사람들 사이에 일어난 다툼을 법률에 따라 판결해 달라고 법원에 요구함.

01 낱말에 대한 설명이 맞으면 ○, 틀리면 ✕ 하세요.

(1) '분쟁'은 사람들 사이에 갈등이 없이 평화로운 것을 말해요.   (   )

(2) '소송'은 사람들 사이에 일어난 다툼을 법률에 따라 판결해 달라고
법원에 요구하는 것을 말해요.   (   )

(3) '부당'은 도리에 어긋나서 정당하지 않은 것을 말해요.   (   )

(4) '국제기구'는 특정한 목적을 위해 여러 기업들이 모여서 만든 조직체를
말해요.   (   )

(5) '방사능'은 방사성 원소가 작은 입자로 부서지면서 사람 몸에 해로운
전자파를 내쏘는 것을 말해요.   (   )

(6) '설립'은 단체나 기관 등을 흩어지게 하는 것을 말해요.   (   )

02 빈칸에 알맞은 낱말을 찾아 선으로 이으세요.

(1) 사장은 직원들에게 일요일에 회사에
나오라는 [   ]한 요구를 했어요.   •   • ㉠ **설립**

(2) 두 사람은 땅 문제로 다투다가 법원에
[   ]을 냈어요.   •   • ㉡ **소송**

(3) 우리 학교는 [   ]된 지 20년이나
지났어요.   •   • ㉢ **부당**

03 (   ) 안에 알맞은 낱말을 보기 에서 찾아 기호를 쓰세요.

보기

㉠ 분쟁

㉡ 방사능

㉢ 국제기구

(1) 인도와 중국이 국경 문제로 (   )을 하고 있어요.

(2) 유럽 연합은 유럽의 정치와 경제의 통합을 위해 생겨난 (   )예요.

(3) 원자력 발전소에서 사고가 나면 (   )이 나와 큰 피해를 입어요.

무역 분쟁의 해결사, 세계 무역 기구

형제나 친구들과 다투었을 때 부모님이나 다른 사람이 나서서 싸움을 말려 준 경험이 있을 거예요. 그럼 나라끼리 무역을 하다 다툼이 생겼을 때는 어떻게 할까요? 그럴 때는 '세계 무역 기구(WTO)'가 다툼을 조정해 주어요.

세계 무역 기구는 세계 여러 나라가 자유롭게 무역을 할 수 있도록 도와주는 국제기구로, 1995년에 설립되었어요. 2021년 기준 164개 나라가 회원국으로 가입되어 있고, 우리나라는 세계 무역 기구가 설립될 때 회원국이 되었지요.

세계 무역 기구는 회원국들 사이에 무역을 하다 문제가 생겼을 때 옳고 그름을 공정하게 심판하고, 잘못된 것을 고치도록 해요. 그뿐만 아니라 어느 한 나라에는 유리하고 다른 나라에는 불리하게 무역 협정을 맺지 않도록 관리하고 감독하는 일도 하지요.

세계 각국은 자기 나라의 산업을 보호하기 위해 수입하는 물건에 관세를 높게 매기거나, 수입량을 제한하고 수입 절차를 어렵게 하는 등의 정책을 쓰기도 해요. 그러면 나라 간에 자유로운 무역이 이루어지지 않고, 무역 분쟁이 일어날 수 있지요. 이럴 때 세계 무역 기구가 부당한 정책을 쓰지 못하도록 요구하거나 규제를 가해요.

우리나라도 일본과 무역 분쟁에 휘말린 적이 있어요. 방사능에 오염된 가능성이 있는 일본 후쿠시마산 수산물에 대해 우리나라가 수입을 금지하자 일본은 그 조치가 부당하다며 세계 무역 기구에 소송을 냈어요. 하지만 세계 무역 기구는 우리나라의 수입 금지 조치가 타당하다고 판정했지요. 이처럼 세계 무역 기구는 세계 무역의 질서를 바로 세우고, 무역 분쟁을 해결하는 해결사 역할을 하고 있답니다.

01 어떤 국제기구에 대한 설명인지 쓰세요.

세계 여러 나라가 자유롭게 무역을 할 수 있도록 도와주는 국제기구

[   ]

02 세계 무역 기구에 대한 설명으로 **틀린** 것을 고르세요. (   )

① 1995년에 설립되었어요.

② 우리나라도 회원국으로 가입되어 있어요.

③ 회원국들 사이에 무역을 하다 문제가 생기면 옳고 그름을 공정하게 심판해요.

④ 회원국들끼리 자유롭게 무역을 하지 못하도록 감시해요.

03 세계 각국이 자기 나라의 산업을 보호하기 위해 쓰는 정책에 대한 글을 읽고, 알맞은 말에
○ 하세요.

⑴ 수입하는 물건에 관세를 (낮게 | **높게**) 매겨요.

⑵ 수입량을 제한하고 수입 절차를 (쉽게 | **어렵게**) 해요.

04 우리나라가 일본 후쿠시마산 수산물 수입을 금지한 조치와 관련한 무역 분쟁의 결과를 바르게
말한 친구를 찾아 ○ 하세요.

우리나라와 일본이
서로 협의하여 잘
해결했어.

롱이

세계 무역 기구는
우리나라의 조치가
타당하다고 판정했어.

소라

세계 무역 기구는
우리나라의 조치가
부당하다고 판정했어.

꽈리

보기 에 있는 낱말의 뜻이 쓰인 모자를 찾은 다음, 그 모자를 쓴 사람을 찾아 빈칸에 낱말을 쓰세요.

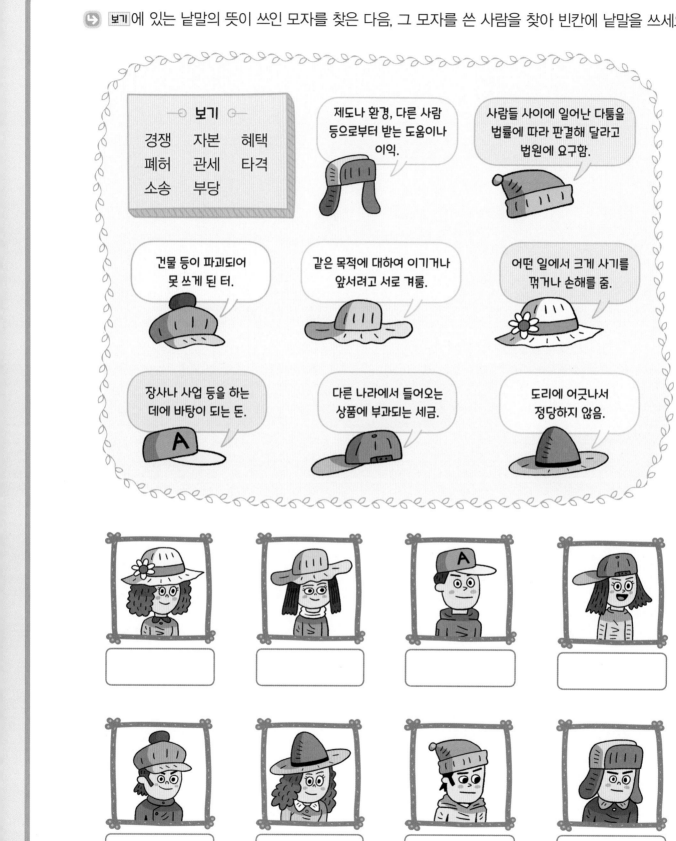

보기

경쟁	자본	혜택
폐허	관세	타격
소송	부당	

- 제도나 환경, 다른 사람 등으로부터 받는 도움이나 이익.
- 사람들 사이에 일어난 다툼을 법률에 따라 판결해 달라고 법원에 요구함.
- 건물 등이 파괴되어 못 쓰게 된 터.
- 같은 목적에 대하여 이기거나 앞서려고 서로 겨룸.
- 어떤 일에서 크게 사기를 꺾거나 손해를 줌.
- 장사나 사업 등을 하는 데에 바탕이 되는 돈.
- 다른 나라에서 들어오는 상품에 부과되는 세금.
- 도리에 어긋나서 정당하지 않음.

길을 따라가면서 글의 내용이 맞으면 ◯, 틀리면 ✕ 하세요.

허생전

허생이 주인을 만나 한참 읍을 한 후,

"내 집이 가난하여 장사 밑천이 없소. 무엇을 좀 시험해 보고 싶으니 나에게 돈을 만 냥만 빌려주지 않겠소."

그러자 주인이,

"그렇게 합시다."

하고는 그 자리에서 1만 냥을 내주었다. 허생은 고맙다는 인사도 없이 가지고 가 버렸다.

(중략)

1만 금을 손쉽게 얻은 허생은 집에는 가지 않고, 그길로 내려가 안성에 거처를 마련하였다. 다음부터 그는 시장에 나가서 대추·밤·감·배·석류·귤·유자 따위의 과일을 모두 거두어 샀다. 파는 사람이 부르는 대로 값을 다 주고 혹은 시세의 배를 주고 샀다. 그리고 사는 대로 한정 없이 곳간에 저장해 두었다.

이렇게 되자 오래지 않아서 나라 안의 과일이란 과일이 모두 바닥이 났다. 대신들의 집에서 잔치나 제사를 지내려고 해도 과일을 구경하지 못해 제사상도 제대로 갖추지 못할 형편이었다. 허생한테 배를 받고 판 과일 장수들이 이번에는 허생에게 달려와서 과일을 처음 값의 열 배를 주고 다시 사 가는 것이었다. 허생이 한숨을 쉬고 탄식하면서,

"겨우 1만 냥으로 이 나라를 기울게 할 수 있다니, 나라의 심천을 알 만하도다!"

허생이 과일을 다 처분한 다음 그는 칼·호미·무명·명주·솜 등을 모조리 사 가지고 제주도에 들어가서 그것을 팔아 이번에는 말총이란 이름이 붙은 것을 모조리 사면서 중얼거렸다.

"몇 해가 못 가서 나라 안 사람들은 상투를 싸매지 못하게 될 게다."

과연 허생이 말한 대로 조금 있으니까 나라의 망건값이 열 배나 뛰어올랐다. 말총을 내다 파니 100만 금이 되었다.

박지원 글, 구인환 엮음, 『허생전』, ㈜신원문화사

01 허생이 한 일이 <u>아닌</u> 것을 고르세요. (　　　　)

① 다른 사람에게 1만 냥을 빌렸어요.

② 시장에서 과일을 모두 사서 곳간에 저장했어요.

③ 대신들에게 직접 과일을 팔았어요.

④ 제주도에서 말총이라는 이름이 붙은 것을 모조리 샀어요.

02 허생이 과일을 모두 거두어 산 뒤 벌어진 일을 모두 찾아 ○ 하세요.

| 나라 안의 과일이 모두 바닥이 났어요. | 과일 장수들이 허생의 과일을 강제로 빼앗았어요. | 과일 장수들이 허생에게 과일을 처음 값의 열 배를 주고 다시 사 갔어요. |

03 허생이 100만 금을 벌게 된 과정의 순서대로 번호를 쓰세요.

- 말총이라는 이름이 붙은 것을 모조리 샀어요. (　　　　)
- 칼·호미·무명·명주·솜 등을 사서 제주도에 가서 팔았어요. (　　　　)
- 망건값이 열 배나 뛰어오르자 말총을 내다 팔았어요. (　　　　)

어휘 풀이

- **읍** 두 손을 맞잡아 얼굴 앞으로 들어 올리고 허리를 앞으로 구부렸다가 몸을 펴면서 손을 내리며 하는 인사.
- **밑천** 어떤 일을 하는 데 바탕이 되는 돈이나 물건.
- **시세** 특정 시기의 물건값.
- **대신** 조선 시대의 벼슬.
- **심천** 깊음과 얕음.
- **말총** 말의 목덜미나 꼬리에 길게 난 뻣뻣한 털.
- **망건** 상투를 틀 때 머리카락을 걷어 올려 가지런히 하기 위하여 머리에 두르는 그물 모양의 물건.

3주 정치 1

1일

어휘 | 권리, 무시, 주차, 차별, 침해, 학대
독해 | 인간답게 살 권리, 인권

2일

어휘 | 대우, 봉사, 비참, 선교, 수녀, 영웅
독해 | 인권을 위해 싸운 사람들

3일

어휘 | 강제, 관습, 벌금, 비난, 자율적, 통행
독해 | 우리 사회에 꼭 필요한 법

5일

어휘 | 간첩, 국방, 근로, 납세, 복무, 협력
독해 | 국민으로서 해야 할 의무

4일

어휘 | 공무원, 공평, 선거, 인종, 재판, 평등
독해 | 국민으로서 누려야 할 권리

6일

복습

권리 어떤 일을 하거나 다른 사람에게 요구할 수 있는 정당한 힘이나 자격.

무시 다른 사람을 얕보거나 하찮게 여김.

주차 자동차 등을 일정한 곳에 세움.

차별 둘 이상을 차등을 두어 구별함.

침해 남의 땅이나 권리, 재산 등을 범하여 해를 끼침.

학대 정신적으로나 육체적으로 몹시 괴롭히고 못살게 굶.

01 뜻에 알맞은 낱말을 찾아 선으로 이으세요.

(1) 둘 이상을 차등을 두어 구별함. ● ● ㉠ 주차

(2) 자동차 등을 일정한 곳에 세움. ● ● ㉡ 차별

(3) 남의 땅이나 권리, 재산 등을 범하여 해를 끼침. ● ● ㉢ 침해

02 낱말과 그 뜻이 바르게 짝 지어진 것을 모두 찾아 ✔ 하세요.

(1) 학대 – 정신적으로나 육체적으로 몹시 괴롭히고 못살게 굶. ☐

(2) 무시 – 의견이나 사람을 높이어 귀중하게 여김. ☐

(3) 권리 – 어떤 일을 하거나 다른 사람에게 요구할 수 있는 정당한 힘이나 자격. ☐

03 빈 곳에 알맞은 낱말을 보기 에서 찾아 쓰세요.

| 보기 | 무시 | 권리 | 차별 | 학대 | 침해 | 주차 |

(1) 우리 회사에서는 남녀 직원들을 _____ 하지 않고 균등히 대우하고 있어요.

(2) 사람은 누구나 교육받을 _____ 가 있어요.

(3) 지수는 자기 말을 _____ 하는 친구에게 크게 화가 났어요.

(4) 우리 아파트에는 _____ 시설이 넉넉해 주민들이 차를 세우기가 좋아요.

(5) 옛날 노예들은 힘든 일을 하며 육체적으로 _____ 를 받았어요.

(6) 연예인들의 생활을 너무 파헤치는 것은 개인 생활을 _____ 하는 행동이에요.

인간답게 살 권리, 인권

　모든 사람은 태어나면서부터 가지는 권리가 있어요. 바로 '인권'이에요. 인권은 인간으로서 당연히 누려야 할 권리, 인간답게 살 권리를 말해요. 돈이 많든 적든, 나이가 많든 적든, 권력이 있든 없든 상관없이 인간이라면 누구나 자연적으로 인권을 가지지요. 인권은 죽을 때까지 없어지지도 않고, 다른 사람이 함부로 빼앗을 수도 없어요.

　우리 정부는 국민의 인권을 보호하기 위해 여러 가지 노력을 하고 있어요. 생활이 어려운 사람들에게 최소한의 생활비를 지원해 주는 일, 혼자 사는 노인이나 부모가 없는 아이들을 돌보아 주는 일, 장애인을 위해 주차 공간이 넓은 장애인 전용 주차 구역을 정해 놓도록 하는 일 등이 그런 노력이지요.

　하지만 우리 주변에는 아직도 인권을 보호받지 못하는 경우가 종종 있어요. 어린이, 여성, 노인, 장애인, 외국인 근로자 등 힘이 약하거나 다른 집단에 비해 수가 적은 사회적 약자들이 주로 인권을 침해받아요. 어린이들이 버려지거나 어른들에게 학대당하는 일, 여성이나 장애인이라는 이유로 일자리를 구하는 데 차별받는 일 등이 인권을 침해받는 경우예요. 또 외국인 근로자들이 피부색이 다르다는 이유로 무시당하거나, 일하고도 월급을 제대로 받지 못하는 것도 다 인권을 침해받는 경우이지요. 우리나라에서는 이와 같은 일이 생기지 않도록 인권에 관한 일을 전담하는 기관인 국가 인권 위원회를 두어 국민의 인권을 보호하고 있어요.

　내 인권을 존중받고 싶다면 다른 사람의 인권도 존중해 주어야 해요. 그리고 모든 사람이 인간답게 살 수 있도록 사회 전체가 사회적 약자들에게 관심을 두고 보호해 주어야 해요. 그러면 모두가 살기 좋은 사회가 될 거예요.

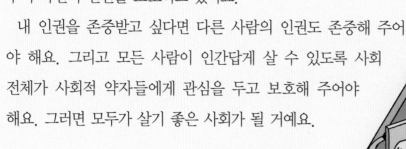

장애인이 계단을 쉽게 오르내릴 수 있도록 승강기를 마련하는 것도 인권을 보호하는 일이야.

01 인권에 대한 글을 읽고, 알맞은 말에 ○ 하세요.

⑴ 인권은 인간으로서 당연히 누려야 할 (권리 | 의무)예요.

⑵ 사람들은 인권을 (태어나면서부터 | 어른이 되면서부터) 가져요.

⑶ 인권은 다른 사람이 함부로 빼앗을 수 (있어요 | 없어요).

02 국민의 인권을 보호하기 위한 우리 정부의 노력으로 맞는 것을 모두 찾아 ✔ 하세요.

⑴ 생활이 어려운 사람들에게 최소한의 생활비를 지원해 주어요. ☐

⑵ 혼자 사는 노인들을 돌보아 주어요. ☐

⑶ 외국인 근로자들에게 매달 생활비를 지원해요. ☐

⑷ 장애인 전용 주차 구역을 정해 놓도록 해요. ☐

03 인권을 침해받는 경우가 <u>아닌</u> 것을 고르세요. (　　　　)

① 어린이들이 어른들에게 학대를 당해요.

② 장애인이라는 이유로 일자리를 구하는 데 차별을 받아요.

③ 부모가 없는 아이들을 돌보아 주어요.

④ 외국인 근로자들이 월급을 제대로 받지 못해요.

04 우리나라에서 국민의 인권을 보호하기 위해 만든, 인권에 관한 일을 전담하는 기관의 이름을 쓰세요.

대우 사람을 대하거나 다루는 일정한 태도나 방식.

봉사 자신의 이익을 생각하지 않고 남을 위하여 애써 일함.

비참 견딜 수 없을 정도로 슬프고 끔찍함.

선교 종교를 널리 전하여 퍼뜨림.

수녀 가톨릭에서, 혼인하지 않고 예수의 삶을 본받아 살겠다고 맹세한 여자.

영웅 재주와 용기가 특별히 뛰어나 보통 사람이 하기 어려운 일을 하는 사람.

01 빈 곳에 알맞은 낱말을 **보기**에서 찾아 쓰세요.

| 보기 | 남 | 대우 | 종교 | 예수 | 영웅 | 비참 |

(1) _____ : 견딜 수 없을 정도로 슬프고 끔찍함.

(2) 선교 : _____를 널리 전하여 퍼뜨림.

(3) 봉사 : 자신의 이익을 생각하지 않고 _____을 위하여 애써 일함.

(4) _____ : 사람을 대하거나 다루는 일정한 태도나 방식.

(5) 수녀 : 가톨릭에서, 혼인하지 않고 _____의 삶을 본받아 살겠다고 맹세한 여자.

(6) _____ : 재주와 용기가 특별히 뛰어나 보통 사람이 하기 어려운 일을 하는 사람.

02 빈칸에 알맞은 낱말을 찾아 선으로 이으세요.

(1) 나는 일주일에 한 번씩 유기견 센터에 가서 강아지를 돌보는 ☐를 해요.   •   • ㉠ 봉사

(2) 국립묘지에는 나라를 위해 목숨을 바친 ☐들이 잠들어 있어요.   •   • ㉡ 대우

(3) 그는 회사의 부당한 ☐에 화가 나서 회사를 그만두었어요.   •   • ㉢ 영웅

03 밑줄 친 낱말의 쓰임이 틀린 것을 찾아 ✔ 하세요.

(1) 우리 성당의 **수녀**님은 항상 웃는 얼굴로 신자들에게 인사해요. ☐

(2) 옛날에 왕과 왕비는 궁궐에서 누구보다도 풍요롭고 **비참**한 생활을 했어요. ☐

(3) 스님은 마을 사람들에게 부처님의 말씀을 전하며 **선교**를 했어요. ☐

인권을 위해 싸운 사람들

인권은 사람으로서 당연히 누려야 할 기본적인 권리이지만 예전에는 지금보다 인권을 누리지 못하고 차별받고 억압받는 사람들이 많았어요. 특히 신분이 정해져 있던 시절에는 그런 일이 더 심했지요. 하지만 예전에도 차별을 문제 삼고 인권을 위해 노력한 사람들이 있었어요. 어떤 사람들이 있었는지 살펴볼까요?

방정환 선생은 평생 우리나라 어린이의 인권을 위해 힘썼어요. 당시만 해도 아이들은 어른들과 동등한 한 인간으로 대우받지 못했어요. 방정환 선생은 '어린이'라는 말과 어린이날을 만들어 어른들에게 어린이를 존중하는 마음을 심어 주었어요. 또 『어린이』라는 최초의 아동 잡지를 펴냈고, 어린이의 지위를 높이는 일에 앞장섰어요.

테레사 수녀는 인도의 가난하고 병든 사람들을 위해 애썼어요. 인도에서 학생들을 가르치던 테레사 수녀는 가난한 사람들을 돌보라는 신의 목소리를 듣고 비참한 생활을 하던 거리의 사람들을 돌보았어요. 그녀는 '사랑의 선교회'를 만들어 죽을 때까지 가난과 병으로 고통받는 사람들을 위해 봉사했어요.

넬슨 만델라는 흑인들의 인권을 위해 앞장섰어요. 옛날에 남아프리카 공화국은 흑인들이 대중교통을 백인들과 함께 이용할 수 없을 정도로 흑인에 대한 차별이 심했어요. 넬슨 만델라는 흑인들의 자유와 인권을 위해 싸우다 잡혀 오랜 세월 동안 감옥에 있었어요. 그리고 석방된 뒤에는 대통령이 되어 인종을 차별하는 정책을 없앴지요.

오늘날 우리가 누리고 있는 인권은 하루아침에 이루어진 것이 아니에요. 인권을 지키기 위해 노력한 영웅들이 있었기 때문에 지금 우리가 인권을 누리고 있는 것이랍니다.

'어린이'라는 말은 어린아이라는 뜻이야. '젊은이', '늙은이'와 동등한 존재라는 뜻이 담겨 있지.

이제부터 너희를 어린이라고 부를 거야.

01 각 인물이 한 인권 운동을 찾아 선으로 이으세요.

(1) 방정환 선생 •

(2) 테레사 수녀 •

(3) 넬슨 만델라 •

• ㉠ 가난하고 병든 사람들을 위한 인권 운동

• ㉡ 어린이들을 위한 인권 운동

• ㉢ 흑인들을 위한 인권 운동

02 방정환 선생이 한 일을 모두 고르세요. (,   )

① 청년들을 위한 잡지를 펴냈어요.

② '어린이'라는 말을 만들었어요.

③ 병든 아이들을 돌보았어요.

④ 어린이날을 만들었어요.

03 테레사 수녀에 대한 글을 읽고, 알맞은 말에 ○ 하세요.

⑴ (이란 | 인도)에서 가난하고 병든 사람들을 돌보았어요.

⑵ (사랑의 선교회 | 믿음의 선교회)를 만들어 죽을 때까지 가난과 병으로 고통받는
사람들을 위해 봉사했어요.

04 넬슨 만델라에 대한 설명이 맞으면 ○, 틀리면 ✕ 하세요.

⑴ 미국에서 흑인들의 인권을 위해 싸웠어요.   (   )

⑵ 흑인들의 자유와 인권을 위해 싸우다 감옥에 갇혔어요.   (   )

⑶ 대통령이 되어 인종을 차별하는 정책을 없앴어요.   (   )

강제 권력이나 힘으로 남이 원하지 않는 일을 억지로 시킴.

관습 한 사회에서 오랜 시간에 걸쳐 지켜 내려오고 있는 사회 규범이나 생활 방식.

벌금 범죄를 저지른 사람에게 처벌로 내게 하는 돈.

비난 다른 사람의 잘못이나 결점에 대하여 나쁘게 말함.

자율적 남의 지배나 구속을 받지 않고 스스로의 원칙에 따라 자신의 행위를 통제하는 것.

통행 어떤 곳을 지나다님.

01 낱말의 뜻을 찾아 선으로 이으세요.

(1) 강제 •

(2) 벌금 •

(3) 자율적 •

• ㉠ 남의 지배나 구속을 받지 않고 스스로의 원칙에 따라 자신의 행위를 통제하는 것.

• ㉡ 범죄를 저지른 사람에게 처벌로 내게 하는 돈.

• ㉢ 권력이나 힘으로 남이 원하지 않는 일을 억지로 시킴.

02 낱말에 대한 설명이 맞으면 ○, 틀리면 ✕ 하세요.

(1) '비난'은 남의 허물이나 잘못을 진심으로 타이르는 것을 말해요.   (   )

(2) '통행'은 어떤 곳을 지나다니는 것을 말해요.   (   )

(3) '관습'은 한 사회의 구성원으로서 따르고 지켜야 할 원리나 행동 양식을 말해요.   (   )

03 (   ) 안에서 알맞은 낱말을 골라 ○ 하세요.

(1) 우리나라는 설날에 차례를 지내는 (관습 | 버릇)이 있어요.

(2) 오늘 발표회는 특별한 형식 없이 (자율적 | 지역적)으로 발표해 주세요.

(3) 법을 지키지 않으면 (상금 | 벌금)을 내거나 처벌을 받아요.

(4) 엄마는 치과에 가기 싫어하는 나를 (견제 | 강제)로 끌고 갔어요.

(5) 그는 옳지 못한 방법으로 우승한 것이 밝혀져 (비난 | 호응)을 받았어요.

(6) 많은 비로 다리가 물에 잠겨 (발행 | 통행)을 금지하고 있어요.

우리 사회에 꼭 필요한 법

여러 사람이 함께 모여 사는 사회에는 서로가 꼭 지켜야 할 약속이 있어요. 이러한 약속을 '사회 규범'이라고 해요. 한 사회에서 오랫동안 지켜 내려온 관습과 인간으로서 마땅히 지켜야 할 도덕이 사회 규범에 속해요. 사회 규범에는 국가가 만들고 강제로 지키게 하는 규범도 있는데, 그것이 바로 '법'이에요.

관습과 도덕은 사람들이 자율적으로 지키고, 지키지 않더라도 벌을 받지 않아요. 하지만 법은 국민이라면 누구나 지켜야 하고, 지키지 않으면 국가에서 처벌을 하지요. 예를 들어 극장 매표소에서 줄을 서지 않고 끼어든다고 해서 벌을 받지는 않아요. 단지 사람들로부터 비난받을 뿐이죠. 하지만 어린이 보호 구역을 지나는 자동차가 제한 속도를 지키지 않으면 운전자는 법을 어겨서 국가에 벌금을 내야 해요. 왜냐하면 어린이 보호 구역에서는 어린이들을 교통사고로부터 보호하기 위해 자동차의 통행 속도를 시속 30 ㎞ 이하로 줄이도록 도로 교통법으로 정해 놓았기 때문이지요.

우리 사회에는 수많은 법이 있어요. 이 법들은 범죄로부터 국민의 생명과 재산을 보호하고, 사회 질서를 유지해 주어요. 또 사람들 사이에 일어난 다툼을 공정하게 해결하고 정의로운 사회를 만드는 역할도 하지요. 법이 있어서 우리는 안전하고 편안하게 생활할 수 있어요.

만약 법이 없다면 어떨까요? 힘센 사람이 약한 사람의 물건을 빼앗아도 처벌할 수 없고, 권력을 가진 사람이 사회적으로 힘없는 사람을 억압해도 막을 길이 없어서 정의롭지 못한 사회가 될 거예요. 또 사람들이 남을 다치게 하거나 교통질서를 지키지 않아도 처벌할 방법이 없어서 사회는 아주 혼란스러워질 거예요. 그래서 강제력을 가진 법이 꼭 필요하답니다.

어린이의 안전을 위해 유치원이나 초등학교 주변에는 어린이 보호 구역이 법으로 정해져 있어.

01 국가가 만들고 강제로 지키게 하는 사회 규범을 무엇이라고 하는지 쓰세요.

02 법과 도덕에 대한 설명으로 맞는 것을 고르세요. (   )

① 도덕은 지키지 않으면 벌을 받지만 법은 지키지 않아도 처벌을 받지 않아요.

② 도덕은 지키지 않아도 벌을 받지 않지만 법은 지키지 않으면 처벌을 받아요.

③ 법과 도덕은 모두 지키지 않으면 벌을 받아요.

④ 법과 도덕은 모두 지키지 않아도 벌을 받지 않아요.

03 법의 역할에 대한 글을 읽고, 빈 곳에 알맞은 말을 보기 에서 찾아 쓰세요.

보기

질서

공정

생명

(1) 범죄로부터 국민의 _____ 과 재산을 보호해요.

(2) 사회 _____ 를 유지해 주어요.

(3) 사람들 사이에 일어난 다툼을 _____ 하게 해결해 주어요.

04 법이 없을 때 생기는 일을 바르게 말한 친구를 찾아 ○ 하세요.

모두가 평등한 사회가 될 거야.

또띠

정의롭지 못하고 혼란스러운 사회가 될 거야.

롱이

힘이 약한 사람이 대우받는 사회가 될 거야.

꽈리

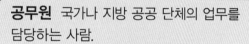

공무원 국가나 지방 공공 단체의 업무를 담당하는 사람.

공평 한쪽으로 치우치지 않고 모든 사람에게 고름.

선거 일정한 조직이나 집단에서 투표를 통해 대표자나 임원을 뽑음.

인종 피부, 머리색, 골격 등의 신체적 특징에 따라 나눈 사람의 종류.

재판 법원에서 법적으로 문제가 되는 사건에 대하여 법률에 따라 판단하는 일.

평등 권리, 의무, 자격 등이 차별 없이 고르고 똑같음.

01 뜻에 알맞은 낱말을 **보기** 에서 찾아 빈칸에 쓰세요.

| 보기 | 공평 | 인종 | 재판 | 평등 | 선거 | 공무원 |

(1) 피부, 머리색, 골격 등의 신체적 특징에 따라 나눈 사람의 종류. ⋯⋯⋯

(2) 국가나 지방 공공 단체의 업무를 담당하는 사람. ⋯⋯⋯⋯⋯⋯⋯

(3) 권리, 의무, 자격 등이 차별 없이 고르고 똑같음. ⋯⋯⋯⋯⋯⋯

(4) 한쪽으로 치우치지 않고 모든 사람에게 고름. ⋯⋯⋯⋯⋯⋯

(5) 법원에서 법적으로 문제가 되는 사건에 대하여 법률에 따라
판단하는 일. ⋯⋯⋯⋯⋯⋯⋯⋯⋯⋯⋯⋯⋯⋯⋯

(6) 일정한 조직이나 집단에서 투표를 통해 대표자나 임원을 뽑음. ⋯⋯⋯

02 밑줄 친 낱말을 바르게 말한 친구를 모두 찾아 ○ 하세요.

다음 달에 대통령을 뽑는 **선거**가 있을 거래.

빵이

모든 국민은 법 앞에서 **평등**해.

꽈리

같은 일을 하는 두 사람에게 월급을 다르게 주는 건 **공평**한 거야.

롱이

03 ☐☐ 안에서 알맞은 낱말을 골라 ○ 하세요.

(1) 삼촌은 경찰이 되기 위해 | 공무원 | 회사원 | 시험을 준비하고 있어요.

(2) 미국에는 백인종, 흑인종, 황인종 등 다양한 | 기종 | 인종 | 이 함께 살아요.

(3) 법원에서 | 등판 | 재판 | 을 한 결과 그는 죄가 없다는 것이 드러났어요.

국민으로서 누려야 할 권리

모든 국민은 인간답고 행복하게 살기 위해서 당연히 누려야 할 기본적인 권리가 있어요. 이것을 '기본권'이라고 해요.

국민이 가지는 기본권에는 자유권, 평등권, 사회권, 청구권, 참정권이 있어요. 자유권은 다른 사람이나 국가의 간섭을 받지 않고 자기 생각에 따라 자유롭게 생활할 수 있는 권리예요. 자유권에는 원하는 종교를 믿을 권리, 살고 싶은 곳에서 살 권리, 자기 생각을 자유롭게 말할 권리, 원하는 직업을 가질 권리 등이 있지요.

평등권은 성별, 종교, 지역, 인종 등과 상관없이 법 앞에서 차별받지 않을 권리예요. 모든 국민이 법 앞에서 평등하고 공평한 대우를 받기 위해 필요한 권리이지요. 사회권은 국민이 인간다운 생활을 하기 위해 필요한 것을 국가에 요구할 수 있는 권리예요. 일할 기회를 요구할 권리, 교육받을 권리, 깨끗한 환경에서 살 권리 등이 사회권에 해당되지요.

또 청구권은 기본권이 침해되었을 때 국민이 국가에 어떤 일을 해 달라고 요구할 수 있는 권리예요. 국민의 바람이나 요구를 국가 기관에 문서로 요구할 권리, 재판받을 수 있는 권리 등이지요. 참정권은 국민이면 누구나 정치에 참여할 수 있는 권리예요. 선거에 참여할 권리, 공무원에 임명될 수 있는 권리 등이 참정권에 해당되지요.

국민의 기본권은 법으로 보장되어 있어요. 그러나 국가의 안전을 보장하기 위해서나 사회 질서를 유지하기 위해서, 또는 사회 구성원 전체의 이익을 위해서 필요한 경우 법률에 따라 기본권이 제한될 수도 있답니다.

자유권

참정권

01 모든 국민이 인간답고 행복하게 살기 위해서 당연히 누려야 할 기본적인 권리를 무엇이라고 하는지 쓰세요.

02 어떤 기본권에 대한 설명인지 찾아 선으로 이으세요.

(1) 국민이면 누구나 정치에 참여할 수 있는 권리 · · ㄱ 평등권

(2) 기본권이 침해되었을 때 국민이 국가에 어떤 일을 해 달라고 요구할 수 있는 권리 · · ㄴ 참정권

(3) 성별, 종교, 지역, 인종 등과 상관없이 법 앞에서 차별받지 않을 권리 · · ㄷ 청구권

03 자유권과 사회권에 해당하는 것을 보기에서 모두 찾아 기호를 쓰세요.

보기

ㄱ 원하는 직업을 가질 권리　　　　ㄴ 교육받을 권리

ㄷ 자기 생각을 자유롭게 말할 권리　　ㄹ 깨끗한 환경에서 살 권리

(1) 자유권 (　　,　　)　　　　(2) 사회권 (　　,　　)

04 국민의 기본권이 제한되는 경우가 <u>아닌</u> 것을 고르세요. (　　　)

① 국가의 안전을 보장하기 위한 경우

② 사회 질서를 유지하기 위한 경우

③ 공무원들의 이익을 위한 경우

④ 사회 구성원 전체의 이익을 위한 경우

간첩 한 나라나 단체의 비밀 정보를 알아내어 다른 나라나 단체에 넘겨주는 일을 하는 사람.

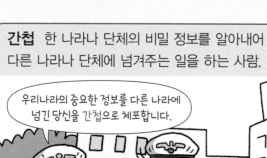

국방 다른 나라의 침입이나 위협으로부터 나라를 안전하게 지키는 일.

근로 부지런히 일함.

납세 국가 또는 공공 기관에 세금을 냄.

복무 일정한 직무나 임무를 맡아 일함.

협력 힘을 합해 서로 도움.

01 낱말의 뜻을 바르게 말한 친구를 모두 찾아 ○ 하세요.

납세는 국가 또는 공공 기관에 세금을 내는 것을 말해.

핫또야

협력은 어떤 요구에 따르도록 강요하는 힘을 말해.

롱이

국방은 다른 나라의 침입이나 위협으로부터 나라를 안전하게 지키는 일을 말해.

꽈리

02 초성을 참고하여 뜻에 알맞은 낱말을 빈칸에 쓰세요.

(1) ㄱ ㄹ : 부지런히 일함. ➡ ☐

(2) ㅂ ㅁ : 일정한 직무나 임무를 맡아 일함. ➡ ☐

(3) ㄱ ㅊ : 한 나라나 단체의 비밀 정보를 알아내어 다른 나라나 단체에 넘겨주는
일을 하는 사람. ➡ ☐

03 ( ) 안에 알맞은 낱말을 보기 에서 찾아 기호를 쓰세요.

보기   ㉠ 근로   ㉡ 납세   ㉢ 협력   ㉣ 복무   ㉤ 간첩   ㉥ 국방

(1) 국민에게는 국가에 세금을 내야 하는 (   )의 의무가 있어요.

(2) 우리나라는 (   )을 튼튼히 하기 위해 외국에서 전투기를 새로 사 왔어요.

(3) 오빠는 군에서 (   )하는 동안 여러 번 휴가를 나왔어요.

(4) 선생님은 모둠끼리 (   )하여 포스터를 만들라고 했어요.

(5) 우리나라의 중요한 정보를 북한에 넘기려던 (   )이 경찰에 잡혔어요.

(6) 우리 회사는 (   ) 조건이 좋아서 직원들이 만족하며 회사에 다녀요.

국민으로서 해야 할 의무

우리나라의 국민으로서 누려야 할 권리가 있다면, 국민으로서 해야 할 의무도 있어요. '국민의 의무'란 국민으로서 당연히 해야 하는 일로, 국민이 실천해야 하는 기본적인 일을 말해요. 우리 국민이 지켜야 할 의무에는 납세의 의무, 국방의 의무, 교육의 의무, 근로의 의무, 환경 보전의 의무 등이 있어요.

> 난 일해야 할 의무가 있어.

납세의 의무는 국가에 세금을 내야 하는 의무예요. 국가는 국민이 낸 세금으로 나라를 운영하고 학교, 병원, 도로 같은 공공시설을 지어요. 국민이 세금을 내지 않으면 국가는 돈이 없어 나라 살림을 할 수 없지요.

국방의 의무는 나라를 지킬 의무예요. 대한민국 남자라면 누구나 군대에 가서 일정 기간 복무를 해야 해요. 여자라고 국방의 의무가 없는 것은 아니에요. 모든 국민은 간첩을 신고하거나 군의 작전에 협력해야 할 의무가 있는데, 이것도 국방의 의무이지요.

교육의 의무는 모든 국민이 자녀에게 일정 기간 교육을 받게 해야 하는 의무예요. 우리 나라는 초등 교육과 중등 교육이 아동이면 의무적으로 받아야 하는 의무 교육이지요.

근로의 의무는 개인의 행복과 나라의 발전을 위해서 일을 해야 하는 의무예요. 누구든지 일하지 않으면 돈을 벌 수 없어 생활이 어렵고, 나라 살림도 어려워지지요.

환경 보전의 의무는 환경을 오염시키지 않고 보전해야 하는 의무예요.

우리나라에서는 국민의 의무도 기본권처럼 법으로 정해 놓았어요. 대한민국 국민이라면 누구나 강제로 지켜야 하지요. 만약 국민이 세금을 내지 않으면 국가는 돈이 없어 소방서나 경찰서를 운영하지 못하고, 도로가 망가져도 고칠 수 없을 거예요. 그러면 우리는 안전하게 살 권리도 누릴 수 없게 되지요. 의무를 성실히 실천해야만 권리를 누릴 수 있답니다.

> 우리는 후손을 위해 환경을 보전해야 할 의무가 있어.

> 그래서 쓰레기를 분리배출해야 해요.

01 국민의 의무가 <u>아닌</u> 것을 찾아 ○ 하세요.

납세의 의무　　　　　　교통의 의무　　　　　　환경 보전의 의무

국방의 의무　　　　　　교육의 의무　　　　　　근로의 의무

02 국방의 의무에 대한 설명으로 <u>틀린</u> 것을 고르세요. (　　　　)

① 남자는 누구나 군대에 가서 일정 기간 복무해야 해요.

② 여자는 국방의 의무가 없어요.

③ 모든 국민은 간첩을 신고해야 할 의무가 있어요.

④ 모든 국민은 군의 작전에 협력해야 할 의무가 있어요.

03 빈 곳에 알맞은 낱말을 **보기** 에서 찾아 쓰세요.

보기	근로	세금	교육

(1) 납세의 의무: 국가에 _____을 내야 하는 의무.

(2) _____의 의무: 모든 국민이 자녀에게 일정 기간 교육을 받게 해야 하는 의무.

(3) _____의 의무: 개인의 행복과 나라의 발전을 위해서 일을 해야 하는 의무.

04 국민의 의무에 대해 바르게 말한 친구를 모두 찾아 ○ 하세요.

국민이 실천해야 하는 기본적인 일이야.

지키고 싶은 사람만 지키면 돼.

법으로 정해 놓지 않았어.

국민이라면 누구나 강제로 지켜야 해.

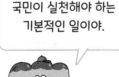

빵이

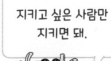

핫또야

소라

꽈리

↪ 뜻에 알맞은 낱말을 글자판에서 찾아 ◯으로 묶으세요.
(낱말은 가로, 세로로 찾을 수 있어요.)

1 남의 땅이나 권리, 재산 등을 범하여 해를 끼침.

2 어떤 일을 하거나 다른 사람에게 요구할 수 있는 정당한 힘이나 자격.

3 자신의 이익을 생각하지 않고 남을 위하여 애써 일함.

4 종교를 널리 전하여 퍼뜨림.

5 권력이나 힘으로 남이 원하지 않는 일을 억지로 시킴.

6 범죄를 저지른 사람에게 처벌로 내게 하는 돈.

7 국가나 지방 공공 단체의 업무를 담당하는 사람.

8 국가 또는 공공 기관에 세금을 냄.

강	재	판	선	교	법
제	무	침	비	자	공
상	시	해	난	율	무
체	벌	금	지	적	원
봉	공	인	납	세	도
사	평	권	리	근	로

번호에 해당하는 글의 내용이 맞으면 ○, 틀리면 ✕를 따라가며 줄을 그으세요.

1. 모든 사람은 태어나면서부터 인권을 가져요.

2. 우리나라에서는 국민의 인권을 보호해 주지 않아요.

3. 방정환 선생은 어린이의 인권을 위해 힘썼어요.

4. 법은 국가가 만들고 강제로 지키게 하는 사회 규범이에요.

5. 권력을 가진 사람은 법을 지키지 않아도 돼요.

6. 참정권은 국민이면 누구나 정치에 참여할 수 있는 권리예요.

7. 사회권은 누구나 법 앞에서 평등하게 대우받을 권리예요.

4주 정치 2

1일

어휘 | 국회 의원, 소수, 원칙, 의견, 정치인, 타협
독해 | 정치와 민주주의

2일

어휘 | 도지사, 시장, 이바지, 임원, 지방 자치, 투표
독해 | 내 손으로 대표를 뽑는 선거

3일

어휘 | 국무총리, 국제회의, 권한, 우두머리, 지도자, 지휘
독해 | 나라 살림을 맡아 하는 대통령과 정부

5일

어휘 | 고등 법원, 대법원, 손해, 잘잘못, 층간 소음, 판결
독해 | 법에 따라 재판하는 법원

4일

어휘 | 검토, 낭비, 동의, 예산, 좌석, 지위
독해 | 국민의 대표들이 모인 국회

6일

복습
교과서 속 책 읽기

국회 의원 국민의 선거에 의해 뽑히는 국민의 대표로서 국회를 이루는 구성원.

국회 의원들이 나랏일을 의논하러 국회 의사당에 들어가고 있어.

소수 적은 수.

다수의 친구들이 피구를 하고 싶어 해.

우리는 소수지만 농구를 하고 싶어.

원칙 어떤 행동이나 이론 등에서 일관되게 지켜야 하는 기본적인 규칙이나 법칙.

우리 도서관은 1인당 책 5권만 대출하는 게 원칙입니다.

그럼 5권만 빌려 갈게요.

1인 5권 대출

의견 어떤 대상이나 현상 등에 대해 나름대로 판단하여 가지는 생각.

현장 체험 학습을 어디로 가면 좋을지 의견을 말해 주세요.

수원 화성요!

경복궁요!

현장 체험 학습

정치인 정치를 맡아서 하는 사람.

2박○○

세금을 내리겠습니다.

저 정치인이 또 선거에 나왔군.

약속을 잘 지키는 정치인이어야 하는데……

타협 어떤 일을 서로 양보하여 의논함.

그 대신 제가 20분 더 하기로 했어요.

형이 양보해서 제가 먼저 컴퓨터를 쓰기로 했어요.

서로 타협해서 정하니까 좋구나!

01 낱말에 대한 설명이 맞으면 ○, 틀리면 ✕ 하세요.

(1) '소수'는 적은 수를 말해요. ( )

(2) '정치인'은 국가나 지방 공공 단체의 업무를 담당하는 사람을 말해요. ( )

(3) '원칙'은 어떤 행동이나 이론 등에서 일관되게 지켜야 하는 기본적인
   규칙이나 법칙을 말해요. ( )

(4) '국회 의원'은 국민의 선거에 의해 뽑히는 국민의 대표로서 국회를
   이루는 구성원을 말해요. ( )

(5) '타협'은 자기의 생각이나 주장을 굽히지 않고 버티는 것을 말해요. ( )

(6) '의견'은 올바르지 못하고 한쪽으로 치우친 개인적인 생각을 말해요. ( )

02 ( ) 안에서 알맞은 낱말을 골라 ○ 하세요.

(1) 우리나라에서는 국민을 대표하는 (국회 의원 | 장관)을 4년마다 뽑아요.

(2) 나는 하루에 공부를 얼마나 할지를 엄마와 (타격 | 타협)해서 정했어요.

03 빈칸에 알맞은 글자를 모두 찾아 ○ 하세요.

(1) 선생님은 지각하는 사람에게
   벌점을 준다는 ☐☐을 정했어요.

   원 | 시 | 의 | 칙 | 축

(2) 다수의 사람은 스키를 타고 ☐☐의
   사람만 스노보드를 탔어요.
   도 | 서 | 소 | 자 | 수

(3) 내가 학원을 계속 다녀야 할지 말지에
   대한 부모님과 나의 ☐☐이 달라요.
   하 | 의 | 인 | 견 | 보

(4) 우리 지역 국회 의원은 올해 일을 잘한
   ☐☐☐으로 뽑혔어요.
   정 | 법 | 치 | 조 | 인

정치와 민주주의

정치를 국회 의원이나 대통령 같은 정치인들만 하는 일이라고 생각하는 사람이 많아요. 하지만 '정치'는 사람들 사이에 서로 의견이 다르거나 문제가 생겼을 때 이것을 해결하는 모든 활동을 말해요.

정치는 가정이나 학교, 동네 등 우리 생활 곳곳에서 이루어지고 있어요. 가족회의를 통해 중요한 결정을 하는 것도 정치이고, 학급 회장을 뽑는 것도 정치예요. 동네에 생긴 문제를 해결하기 위해 주민들이 의논하는 것, 정치인들이 나라의 중요한 일을 의논하여 결정하는 것도 모두 정치이지요. 여러 사람이 행복하게 더불어 살기 위해서 어느 사회나 정치가 꼭 필요해요.

우리나라의 정치 제도는 민주주의를 택하고 있어요. '민주주의'는 국민이 나라의 주인으로서 권리를 갖고 스스로 그 권리를 행사하는 정치 제도를 말해요. 민주주의의 기본 정신은 자유와 평등을 바탕으로 인간의 존엄성을 지키는 것이에요. 인간의 존엄성이란 사람은 모두 인간으로서 소중한 가치를 지니고 있기 때문에 모두가 존중받아야 한다는 것이지요. 그러기 위해서는 다른 사람의 이익을 해치지 않는 한 누구나 자유롭게 행동할 수 있어야 하고, 차별 없이 평등하게 대우받아야 해요. 자유와 평등이 보장될 때 인간의 존엄성이 지켜질 수 있지요.

민주주의 국가에서는 대화와 타협을 통해 문제를 해결해요. 그런데도 의견이 하나로 모이지 않을 때는 '다수결의 원칙'을 따를 때가 많아요. 다수결의 원칙이란 어떤 문제에 대해 많은 사람의 의견에 따라 찬성이나 반대를 결정하는 것을 말해요. 다수결의 원칙에 따라 문제를 해결한 경우라도 많은 사람의 의견이 항상 옳은 것은 아닐 수 있으니 소수의 의견도 존중해 주어야 해요.

치킨 먹을지 피자 먹을지 다수결로 정하자. 치킨 먹을 사람 손 들어.

손 든 사람이 많으니 치킨 먹자!

01 사람들 사이에 서로 의견이 다르거나 문제가 생겼을 때 이것을 해결하는 모든 활동을
무엇이라고 하는지 쓰세요.

02 정치에 대해 <u>틀리게</u> 말한 친구를 찾아 ○ 하세요.

가족회의를 통해
중요한 결정을 하는
것도 정치야.

빵이

정치는 정치인들만
하는 거야.

롱이

정치인들이 나라의
중요한 일을 의논하여
결정하는 것도 정치야.

소라

여러 사람이 행복하게
더불어 살기 위해서
정치가 꼭 필요해.

핫또야

03 민주주의에 대한 글을 읽고, 빈 곳에 알맞은 말을 **보기** 에서 찾아 쓰세요.

| 보기 | 평등 | 주인 | 정치 |

(1) 민주주의는 국민이 나라의 _____으로서 권리를 갖고 스스로 그 권리를
행사하는 _____ 제도예요.

(2) 민주주의 기본 정신은 자유와 _____을 바탕으로 인간의 존엄성을 지키는
것이에요.

04 다수결의 원칙에 대한 설명으로 맞는 것을 모두 고르세요. (,   )

① 민주주의 국가에서 의견이 하나로 모이지 않을 때 쓰는 방법이에요.

② 많은 사람의 의견에 따라 찬성이나 반대를 결정하는 것을 말해요.

③ 다수결로 많은 사람이 선택한 의견은 항상 옳아요.

④ 소수의 의견은 무시해도 돼요.

도지사 도의 행정을 맡아보는 가장 높은 직위. 또는 그 직위에 있는 사람.

시장 시를 다스리는 최고 책임자.

이바지 도움이 되게 함.

임원 어떤 단체에 속하여 그 단체의 중요한 일을 맡아보는 사람.

지방 자치 각 지방의 행정이 지방 주민이 선출한 기관을 통하여 이루어지는 제도.

투표 선거를 하거나 어떤 일을 결정할 때 정해진 용지에 의견을 표시하여 내는 일.

01 뜻에 알맞은 낱말이 되도록 보기 에서 글자를 모두 찾아 빈칸에 쓰세요.

보기	도	시	임	지	원	사	장

(1) 시를 다스리는 최고 책임자. ⋯⋯⋯⋯⋯⋯⋯⋯⋯⋯ ☐☐

(2) 어떤 단체에 속하여 그 단체의 중요한 일을 맡아보는 사람. ⋯⋯⋯ ☐☐

(3) 도의 행정을 맡아보는 가장 높은 직위. 또는 그 직위에 있는 사람. ☐☐☐

02 낱말의 뜻을 찾아 선으로 이으세요.

(1) 투표   •

(2) 지방 자치   •

(3) 이바지   •

• ㉠ 각 지방의 행정이 지방 주민이 선출한 기관을 통하여 이루어지는 제도.

• ㉡ 도움이 되게 함.

• ㉢ 선거를 하거나 어떤 일을 결정할 때 정해진 용지에 의견을 표시하여 내는 일.

03 ☐☐ 안에서 알맞은 낱말을 골라 ○ 하세요.

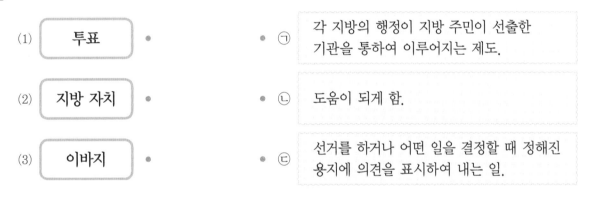

(1) 충청남도 [교육사 / 도지사] 는 임기 4년 동안 도의 살림살이를 잘 이끌었어요.

(2) 중소기업들은 나라의 경제 발전에 크게 [이바지 / 제지] 하고 있어요.

(3) 내일 시의 최고 책임자인 [시장 / 학장] 을 뽑는 선거가 실시되어요.

(4) 사장은 회사에서 중요한 일을 하는 [정원 / 임원] 들을 모두 교체했어요.

(5) 우리 모임의 대표를 뽑기 위해 [투표 / 투여] 를 했어요.

(6) 우리나라는 지역별로 지방 살림을 하는 [지방 문화 / 지방 자치] 제도가 잘 이루어지고 있어요.

내 손으로 대표를 뽑는 선거

학기초가 되면 학급 임원을 뽑는 선거를 해요. 표를 가장 많이 받은 친구가 임원으로 뽑혀 한 학기 동안 학급을 대표해서 반을 이끌어 가지요.

나랏일도 마찬가지예요. 선거를 통해 대표를 뽑고, 대표로 뽑힌 사람이 국민을 대신해 나라를 다스려요. 대통령, 국회 의원, 시장과 도지사 같은 지방 자치 단체장을 모두 국민이 선거를 통해 뽑아요. 선거는 국민이 나라의 주인으로서 갖는 소중한 권리예요.

민주주의 사회에서는 공정한 선거를 위해 보통 선거, 평등 선거, 직접 선거, 비밀 선거의 네 가지 원칙을 지켜요. 보통 선거는 일정한 나이가 되면 누구나 선거에 참여할 수 있다는 원칙이에요. 우리나라는 만 18세가 되면 누구나 투표할 수 있지요. 평등 선거는 신분, 재산, 교육 수준 등에 차별 없이 누구나 한 사람이 한 표씩만 행사할 수 있다는 원칙이에요. 아무리 돈이 많고 권력이 있어도 여러 표를 행사할 수는 없지요. 직접 선거는 투표권을 가진 사람이 투표 장소에 나가 자기 손으로 직접 투표해야 한다는 원칙이에요. 선거에서는 절대 나 대신 다른 사람이 투표할 수 없지요. 비밀 선거는 투표하는 사람이 누구를 뽑았는지 다른 사람이 알 수 없게 한다는 원칙이에요. 누구를 뽑았는지 비밀로 해야 내가 정말로 뽑고 싶은 사람을 뽑을 수 있기 때문이지요.

선거는 나라의 미래가 달린 중요한 일이에요. 국민에게 한 약속을 잘 지키고 일을 잘할 사람을 뽑지 않으면 나라 전체가 혼란에 빠질 수 있어요. 따라서 선거에 참여하는 국민은 내 한 표가 나라의 발전에 이바지한다는 생각으로 신중하게 투표해야 해요.

01 글을 읽고, 빈칸에 공통으로 들어갈 알맞은 말을 쓰세요.

- [   ]는 국민이 나라의 주인으로서 갖는 소중한 권리예요.
- 우리나라는 대통령, 국회 의원, 지방 자치 단체장을 모두 [   ]를 통해 뽑아요.

02 민주주의 사회에서 공정한 선거를 위해 지키는 원칙이 <u>아닌</u> 것을 찾아 ○ 하세요.

보통 선거   자유 선거   비밀 선거

직접 선거   평등 선거

03 어떤 선거 원칙에 대한 설명인지 찾아 선으로 이으세요.

(1) 누구나 한 사람이 한 표씩만 행사할 수 있어요.   •   • ㉠ 비밀 선거

(2) 누구를 뽑았는지 다른 사람이 알 수 없어요.   •   • ㉡ 평등 선거

(3) 자기 손으로 직접 투표해야 해요.   •   • ㉢ 직접 선거

04 선거에 참여하는 국민의 바른 자세로 맞는 것을 모두 고르세요. (,   )

① 국민에게 한 약속을 잘 지키는 사람을 뽑아요.

② 나와 친한 사람을 뽑아요.

③ 귀찮으면 투표를 하지 않아도 돼요.

④ 내 표가 나라의 발전에 이바지한다는 생각으로 신중하게 투표해요.

국무총리 대통령을 보좌하고 국가적인 사무를 총괄하는, 장관들의 우두머리가 되는 공무원.

국제회의 국제적인 문제를 해결하기 위해 여러 나라의 대표가 모여 의견을 나누는 회의.

권한 사람이 자신의 역할이나 직책으로부터 받은 권리.

우두머리 어떤 일이나 집단에서 가장 뛰어나거나 지위가 높은 사람.

지도자 남을 가르쳐서 이끄는 사람.

지휘 목적을 효과적으로 이루기 위해 단체의 행동을 다스림.

01 뜻에 알맞은 낱말을 보기 에서 찾아 빈칸에 쓰세요.

보기   권한   지휘   지도자   우두머리   국제회의   국무총리

(1) 남을 가르쳐서 이끄는 사람. ·································

(2) 사람이 자신의 역할이나 직책으로부터 받은 권리. ·················

(3) 목적을 효과적으로 이루기 위해 단체의 행동을 다스림. ···········

(4) 어떤 일이나 집단에서 가장 뛰어나거나 지위가 높은 사람. ·······

(5) 대통령을 보좌하고 국가적인 사무를 총괄하는, 장관들의
    우두머리가 되는 공무원. ·································

(6) 국제적인 문제를 해결하기 위해 여러 나라의 대표가 모여 의견을
    나누는 회의. ···

02 빈칸에 알맞은 말이 차례대로 묶인 것을 고르세요. (   )

• 부하들은 대장의 [   ]에 따라 재빠르게 움직였어요.

• 장군은 적의 [   ]를 잡아 온 사람에게 큰 상을 내렸어요.

• 사람들을 이끄는 [   ]는 능력과 책임감이 있어야 해요.

① 권한 – 지도자 – 지휘   ② 지휘 – 우두머리 – 권한
③ 우두머리 – 국무총리 – 지도자   ④ 지휘 – 우두머리 – 지도자

03 (   ) 안에 알맞은 낱말을 보기 에서 찾아 기호를 쓰세요.

보기

㉠ 권한

㉡ 국무총리

㉢ 국제회의

(1) 대통령은 나라의
대표로서 큰
(   )을 가져.

(2) 대통령이 여러 나라
대표들과 (   )를
하고 있어.

(3) (   )는
대통령을 도와서 각 부를
관리해.

나라 살림을 맡아 하는 대통령과 정부

텔레비전 뉴스에서 우리나라 대통령이 다른 나라를 방문하는 모습을 종종 볼 수 있어요. 대통령은 어떤 사람이고, 무슨 일을 할까요?

'대통령'은 외국에 대하여 우리나라를 대표하는 사람이에요. 대통령은 우리나라를 대표해 다른 나라의 지도자를 만나고, 국제회의에 참석하고, 나라 간의 약속을 맺을 수 있는 권한을 가지고 있어요. 또 나라의 중요한 일을 계획하고 결정할 수 있고, 국무총리와 장관 같은 직책이 높은 공무원을 임명할 수 있어요. 나라의 안전을 책임지는 사람으로서 국군을 지휘할 권한도 갖고 있지요.

대통령이 국가의 최고 우두머리라고 해서 무엇이든지 마음대로 할 수 있는 것은 아니에요. 대통령에게 권한이 많이 있는 만큼 책임과 의무도 따라요. 헌법을 지킬 의무, 나라가 위기에 처했을 때 앞장서서 나라와 국민을 지킬 의무, 평화적인 통일을 위해 노력해야 할 의무 등이 있지요. 대통령은 국민이 뽑은 대표인 만큼 무엇보다 법과 국민의 뜻을 따라야 해요.

대통령이 이끄는 '정부'는 법에 따라 나라의 살림을 맡아 하는 곳이에요. 정부는 대통령, 국무총리, 행정 각 부 등으로 이루어져요. 국민의 건강을 책임지는 보건복지부, 국민의 교육을 책임지는 교육부, 나라를 지키는 일을 맡아 하는 국방부 등 여러 부와 기관들이 살림살이를 나누어서 맡고 있지요. 또 각 부에서는 최고 책임자인 장관과 많은 공무원이 국민의 안전과 행복을 위해 일하고 있어요. 소방관과 경찰관도 모두 정부에 속해 있고, 도로를 만들거나 도서관을 짓는 일도 모두 정부가 하는 일이지요. 이처럼 정부는 국민의 안전과 행복을 위해서 아주 가까운 곳에서 국민의 생활을 돕고 있답니다.

대통령이 우리나라를 대표해 다른 나라 대통령을 만나고 있어.

01 무엇에 대한 설명인지 쓰세요.

　(1) 외국에 대하여 우리나라를 대표하는 사람이에요.

　(2) 법에 따라 나라의 살림을 맡아 하는 곳이에요.

02 우리나라 대통령이 하는 일을 모두 찾아 ✔ 하세요.

　(1) 나라의 중요한 일을 계획하고 결정해요.

　(2) 나라를 대표해 다른 나라의 지도자를 만나요.

　(3) 나라의 모든 공무원을 임명해요.

　(4) 국군을 지휘해요.

　(5) 나라의 중요한 법을 만들어요.

03 정부의 어느 기관에서 하는 일인지 **보기** 에서 찾아 기호를 쓰세요.

보기

　㉠ 국방부
　㉡ 교육부
　㉢ 보건복지부

　(1) 국민의 교육에 관한 일을 책임져요. 　　　　　(　　　)

　(2) 나라를 지키는 일을 맡아 해요. 　　　　　(　　　)

　(3) 국민의 건강에 관한 일을 책임져요. 　　　　　(　　　)

04 정부에 대한 설명으로 <u>틀린</u> 것을 고르세요. (　　　)

① 대통령과 상관없는 기관이에요.

② 여러 부와 기관들이 살림살이를 나누어서 맡고 있어요.

③ 많은 공무원이 국민의 안전과 행복을 위해 일해요.

④ 도로를 만들거나 도서관을 짓는 일을 해요.

검토 내용을 자세히 따져 봄.

낭비 돈, 시간, 물건 등을 헛되이 함부로 씀.

동의 다른 사람의 행위를 허락함.

예산 필요한 비용을 미리 계산해서 정함. 또는 그런 비용.

좌석 앉을 수 있게 준비된 자리.

지위 사회 속에서 개인이 차지하고 있는 위치.

01 낱말과 그 뜻이 바르게 짝 지어진 것을 모두 찾아 ✓ 하세요.

(1) 동의 – 다른 사람의 행위를 허락함. ☐

(2) 검토 – 내용을 자세히 따져 봄. ☐

(3) 낭비 – 돈, 시간, 물건 등을 아껴서 씀. ☐

02 낱말의 뜻을 보기 에서 찾아 기호를 쓰세요.

보기

㉠ 사회 속에서 개인이 차지하고 있는 위치.

㉡ 앉을 수 있게 준비된 자리.

㉢ 필요한 비용을 미리 계산해서 정함. 또는 그런 비용.

(1) 좌석 (   )   (2) 예산 (   )   (3) 지위 (   )

03 빈칸에 알맞은 낱말을 찾아 선으로 이으세요.

(1) 나는 기차에 타서 창가 쪽 ☐에 앉았어요.   •   • ㉠ 예산

(2) 정부는 내년 1년 동안 나라 살림에 쓸 ☐을 확정했어요.   •   • ㉡ 지위

(3) 우리 모임에 들어오려면 먼저 회원들의 ☐를 받아야 해요.   •   • ㉢ 좌석

(4) 강현이는 문제를 다 푼 뒤에 답을 바르게 썼는지 ☐했어요.   •   • ㉣ 낭비

(5) 음식물 쓰레기가 많은 걸 보니 음식이 많이 ☐되고 있어요.   •   • ㉤ 동의

(6) 교감 선생님은 ☐가 올라 교장 선생님이 되었어요.   •   • ㉥ 검토

국민의 대표들이 모인 국회

텔레비전 뉴스에서 국회 의원들이 부채꼴 모양으로 배치된 좌석에 앉아 회의하는 모습을 본 적이 있을 거예요. 국회가 열렸을 때의 모습이지요.

▲ 국회

'국회'는 국회 의원들이 모여 나라의 중요한 일을 의논하고 결정하는 기관이에요. 국회 의원은 선거를 통해 국민의 대표로 뽑힌 사람들로, 국민을 대신해서 정치를 하지요.

국회가 하는 가장 중요한 일은 법을 만드는 일이에요. 국민을 위해 필요한 법을 새로 만들 뿐만 아니라 잘못된 법을 고치거나 없애는 일도 해요. 또 국회는 정부가 한 해 동안 나라 살림에 얼마만큼 돈을 쓸 것인지 예산을 정하면 그 예산이 적절한지 꼼꼼하게 검토하고 확정해요. 예산은 대부분 국민이 낸 세금으로 마련하기 때문에 국민을 대표하는 기관인 국회가 세금이 낭비되지 않도록 검토하는 것이지요.

국회는 정부가 국민을 위해 나랏일을 잘하는지 감시하는 일도 해요. 정부의 공무원을 불러 국민이 궁금해하는 점을 묻고, 만약 정부가 잘못한 일이 있으면 바로잡도록 요구하기도 해요. 또 대통령이나 정부가 나라의 중요한 일을 결정할 때 찬성하거나 반대하는 권리를 행사하지요. 대통령은 전쟁을 하거나 다른 나라에 우리 군대를 보낼 때 국회의 동의를 얻어야 해요.

국회의 구성원인 국회 의원은 국민이 선거를 통해 뽑으며 임기는 4년이에요. 국회 의원은 다른 직업을 가질 수 없으며 자신의 이익보다는 국가의 이익을 위해 일해야 해요. 또 국회 의원이라는 지위를 아무 곳에서나 함부로 행사하지 않아야 한답니다.

국회 의원들이 나랏일을 논의하는 국회 의사당이야.

▲ 국회 의사당

01 국회 의원들이 모여 나라의 중요한 일을 의논하고 결정하는 기관을 무엇이라고 하는지 쓰세요.

02 국회 의원에 대해 바르게 말한 친구를 모두 찾아 ○ 하세요.

선거를 통해 뽑아.

롱이

정부에서 일해.

꽈리

국민의 대표로 뽑힌 사람들이야.

핫또야

국민을 대신해 재판해.

빵이

03 국회가 하는 일이 <u>아닌</u> 것을 고르세요. (   )

① 법을 만들고 잘못된 법을 고치거나 없애요.

② 정부가 정한 예산을 검토하고 확정해요.

③ 국민에게 세금을 거두어요.

④ 정부가 국민을 위해 나랏일을 잘하는지 감시해요.

04 국회 의원에 대한 글을 읽고, 알맞은 말에 ○ 하세요.

(1) 국민이 선거를 통해 뽑으며, 임기는 (2년 | 4년)이에요.

(2) 다른 직업을 가질 수 (없으며 | 있으며), (자신 | 국가)의 이익을 위해 일해야 해요.

고등 법원 지방 법원의 위이고 대법원의 아래인 중급 법원.

대법원 아래 법원에서 올라온 재판에 대하여 마지막으로 판결을 내리는 최고 법원.

손해 돈, 재산 등을 잃거나 정신적으로 해를 입음.

잘잘못 잘함과 잘못함.

층간 소음 아파트와 같은 공동 주택에서 아랫집에 들리는 윗집의 생활 소음.

판결 법원이 소송 사건에 대하여 판단하고 결정을 내림.

01 (   ) 안에서 알맞은 낱말을 골라 ○ 하세요.

(1) 잘잘못 : (잘남 | 잘함)과 잘못함.

(2) 판결 : (법원 | 학원)이 소송 사건에 대하여 판단하고 결정을 내림.

(3) (대법원 | 지방 법원) : 아래 법원에서 올라온 재판에 대하여 마지막으로 판결을
내리는 최고 법원.

(4) 층간 소음 : 아파트와 같은 (단독 | 공동) 주택에서 아랫집에 들리는 윗집의 생활
소음.

(5) 고등 법원 : 지방 법원의 위이고 대법원의 아래인 (소급 | 중급) 법원.

(6) (손해 | 방해) : 돈, 재산 등을 잃거나 정신적으로 해를 입음.

02 빈 곳에 알맞은 낱말을 보기에서 찾아 쓰세요.

보기

판결

대법원

고등 법원

(1) _____은 우리나라 최고 법원으로 하나밖에 없어요.

(2) 그 판사는 늘 사건을 공정하게 _____하려고 노력했어요.

(3) 그는 지방 법원에서 내린 판결을 받아들일 수 없어 바로 위의

_____에서 다시 재판받았어요.

03 밑줄 친 낱말의 쓰임이 틀린 것을 찾아 ✔ 하세요.

(1) 엄마는 동생과 내가 싸우면 **잘잘못**을 확실히 가려 주었어요.

(2) 그는 부서진 집의 **손해** 속에서 강아지를 구해 냈어요.

(3) 이 아파트는 **층간 소음**이 심해서 이웃 간에 다툼이 잦아요.

법에 따라 재판하는 법원

사람들은 이웃과 다툼이 생기거나 억울한 일을 당했을 때 법원에 문제를 해결해 달라고 소송을 해요. 그러면 법원은 소송을 낸 사람과 상대방의 주장을 모두 듣고 법에 따라 판단해 주지요.

'법원'은 법에 따라 재판을 하는 곳이에요. '재판'이란 어떠한 사건에 대해 법원이 법에 따라 잘잘못을 가려 판단하는 일을 말해요. 법원은 재판을 하여 사회에서 일어나는 여러 가지 문제를 해결해 주어요. 층간 소음 문제와 같이 사람들 사이에 생긴 다툼을 해결하고, 물건을 훔치거나 다른 사람을 때리는 등의 범죄를 저지른 사람에게는 벌을 주지요. 또 재산 다툼 같은 가족 사이에 일어난 문제도 해결하고, 정부나 지방 자치 단체의 잘못으로 개인이 손해를 보았을 때 개인과 국가 또는 지방 자치 단체 사이에 생긴 갈등도 해결해 주어요.

법원은 오로지 법의 기준에 따라 공정한 재판을 해야 해요. 이를 위해 우리나라에서는 특별한 경우를 제외하고는 모든 재판 과정과 결과를 국민에게 공개하고 있어요. 또한 3심 제도를 실시하고 있어요. 3심 제도란 한 사건에 대해 세 번까지 재판을 받을 수 있는 제도예요. 혹시라도 잘못된 판결 때문에 억울한 사람이 생기지 않도록 하기 위해 만들었지요. 지방 법원에서 1심 재판을 한 뒤 법원의 결정을 받아들일 수 없으면 고등 법원에서 2심 재판을 받을 수 있고, 2심 재판에서도 법원의 결정을 받아들일 수 없으면 마지막으로 대법원에서 3심 재판을 받을 수 있어요. 실제로 재판의 단계마다 결과가 달라지기도 해요.

법이 있어도 그 법을 공정하게 적용하는 법원이 없다면 법은 제 역할을 하지 못해요. 법원은 법에 따른 공정한 재판을 통해 사회 질서를 유지하고 국민의 권리를 보호한답니다.

대법원에서는 주로 매우 중요한 사건을 재판해.

▲ 대법원의 선고 모습

01 빈칸에 알맞은 말이 차례대로 묶인 것을 고르세요. (　　　　)

- 　　　은 법에 따라 재판을 하는 곳이에요.
- 어떠한 사건에 대해 법원이 법에 따라 잘잘못을 가려 판단하는 일을 　　　이라고 해요.

① 법원 – 재심　　　　② 국회 – 재판　　　　③ 법원 – 재판　　　　④ 국회 – 재심

02 법원이 하는 일을 보기에서 모두 찾아 기호를 쓰세요.

보기

㉠ 사람들 사이에 생긴 다툼을 해결해 주어요.

㉡ 다른 사람의 물건을 훔쳐 간 사람에게 벌을 주어요.

㉢ 국민에게 필요한 법을 만들거나 고쳐요.

㉣ 대통령이 법을 잘 지키는지 감시해요.

㉤ 개인과 국가 또는 지방 자치 단체 사이에 생긴 갈등을 해결해 주어요.

(　　　, 　　　, 　　　)

03 법원에 대한 설명이 맞으면 ○, 틀리면 ✕ 하세요.

⑴ 법원은 오로지 법의 기준에 따라 공정한 재판을 해야 해요.　　　　(　　　　)

⑵ 우리나라에서는 재판 과정을 국민에게 공개하지 않아요.　　　　(　　　　)

⑶ 법원이 없다면 법은 제 역할을 하지 못해요.　　　　(　　　　)

04 3심 제도에 대한 설명으로 <u>틀린</u> 것을 고르세요. (　　　　)

① 한 사건에 대해 세 번까지 재판받을 수 있는 제도예요.

② 잘못된 판결 때문에 억울한 사람이 생기지 않도록 하기 위해 만들었어요.

③ 지방 법원, 고등 법원, 대법원 순으로 재판을 받아요.

④ 재판을 여러 번 하더라도 결과는 달라지지 않아요.

뜻에 알맞은 낱말이 되도록 글자를 모두 찾아 ◯으로 묶으세요.

① 어떤 일을 서로 양보하여 의논함.

② 도의 행정을 맡아보는 가장 높은 직위. 또는 그 직위에 있는 사람.

③ 선거를 하거나 어떤 일을 결정할 때 정해진 용지에 의견을 표시하여 내는 일.

④ 사람이 자신의 역할이나 직책으로부터 받은 권리.

⑤ 필요한 비용을 미리 계산해서 정함. 또는 그런 비용.

⑥ 돈, 시간, 물건 등을 헛되이 함부로 씀.

⑦ 법원이 소송 사건에 대하여 판단하고 결정을 내림.

⑧ 아래 법원에서 올라온 재판에 대하여 마지막으로 판결을 내리는 최고 법원.

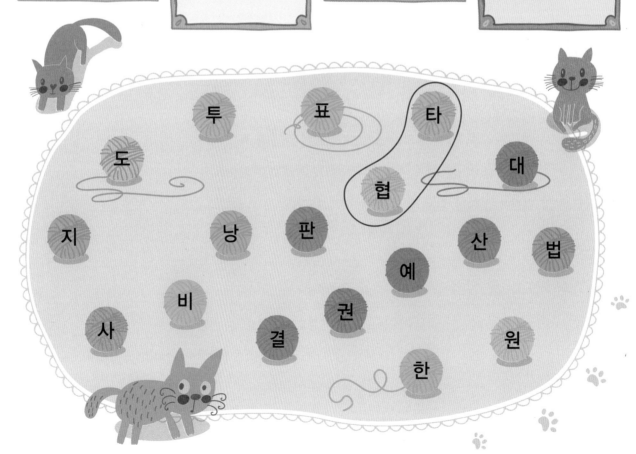

글의 내용이 맞으면 짝 지어진 글자에 ○ 하세요. 그런 다음 ○를 한 글자를 차례대로 빈칸에 쓰세요.

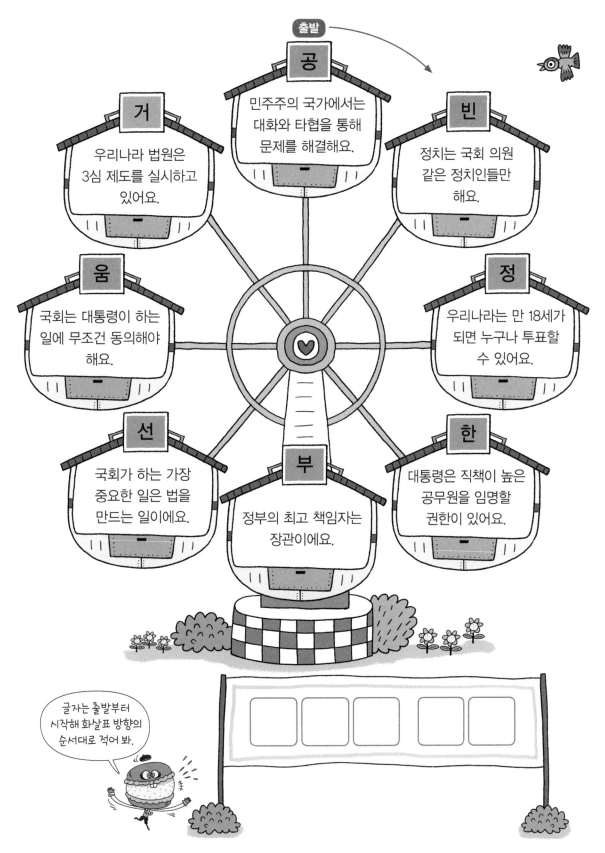

출발

공
민주주의 국가에서는 대화와 타협을 통해 문제를 해결해요.

거
우리나라 법원은 3심 제도를 실시하고 있어요.

빈
정치는 국회 의원 같은 정치인들만 해요.

움
국회는 대통령이 하는 일에 무조건 동의해야 해요.

정
우리나라는 만 18세가 되면 누구나 투표할 수 있어요.

선
국회가 하는 가장 중요한 일은 법을 만드는 일이에요.

부
정부의 최고 책임자는 장관이에요.

한
대통령은 직책이 높은 공무원을 임명할 권한이 있어요.

글자는 출발부터 시작해 화살표 방향의 순서대로 적어 봐.

소음 공해

나는 인터폰을 들어 다짜고짜 909호를 바꿔 달라고 말했다. 신호음이 서너 차례 울린 후에야 신경질적인 젊은 여자의 응답이 들렸다.

"아래층인데요, 댁이 그런 식으로 말할 건 없잖아요? 나도 참을 만큼 참았다고요. 공동 주택에는 지켜야 할 규칙들이 있잖아요. 난 그 소리 때문에 병이 날 지경이에요."

"여보세요, 난 날아다니는 나비나 파리가 아니에요. 내 집에서 맘대로 움직이지도 못하나요? 해도 너무하시네요. 이틀거리로 전화를 해 대시니 저도 피가 마르는 것 같아요. 저더러 어쩌라는 거예요?"

"하여튼 아래층 사람 고통도 생각하시고 주의해 주세요."

나는 거칠게 수화기를 내려놓았다. 뻔뻔스럽긴. 이젠 순 배짱이잖아. 소리 내어 욕설을 퍼부어도 화가 가라앉지 않았다.

(중략)

위층으로 올라가 벨을 눌렀다. 안쪽에서 누구세요, 묻는 소리가 들리고도 십 분 가까이 지나 문이 열렸다. '이웃사촌이라는데 아직 인사도 없이……' 등등 준비했던 인사말과 함께 포장한 슬리퍼를 내밀려던 나는 첫마디를 뗄 겨를도 없이 우두망찰했다. 좁은 현관을 꽉 채우며 휠체어에 앉은 젊은 여자가 달갑잖은 표정으로 나를 올려다보았다.

"안 그래도 바퀴를 갈아 볼 작정이었어요. 소리가 좀 덜 나는 것으로요. 어쨌든 죄송해요. 도와주는 아줌마가 지금 안 계셔서 차 대접할 형편도 안 되네요."

여자의 텅 빈, 허전한 하반신을 덮은 화사한 빛깔의 담요와 휠체어에서 황급히 시선을 떼며 나는 할 말을 잃은 채 슬리퍼 든 손을 등 뒤로 감추었다.

오정희, 『돼지꿈』, 랜덤하우스코리아(주)

01 이 글 속의 '나'가 고통받는 이유를 바르게 말한 친구를 찾아 ○ 하세요.

위층 집에서 물이
새기 때문이야.

또띠

위층 집에서 내는
소리 때문이야.

꽈리

위층 집에서 나는
고약한 냄새 때문이야.

핫또야

02 이 글의 내용으로 맞는 것을 모두 고르세요. (　　　,　　　)

① 나는 화가 나서 위층에 인터폰을 했다.

② 위층 사람은 나에게 욕설을 퍼부었다.

③ 나는 위층 사람에게 슬리퍼를 주려고 가져갔다.

④ 나는 위층 사람과 예전에 인사를 나눈 적이 있다.

03 위층에서 소리가 난 이유는 무엇인지 빈 곳에 알맞은 말을 쓰세요.

위층 여자가 ＿＿＿＿＿＿＿를 타기 때문이에요.

어휘 풀이

• **소음 공해** 불쾌하고 시끄러운 소리 때문에 사람이나 생물이 입는 여러 가지 피해.
• **댁** 듣는 사람이 대등한 관계에 있는 사람이나 아랫사람일 때, 그 사람을 높여 가리키는 말.
• **뻔뻔스럽다** 부끄러운 짓을 하고도 태연하고 당당한 태도이다.
• **배짱** 겁내거나 굽히지 않고 자기가 뜻하는 대로 이루려고 하는 생각이나 태도.
• **우두망찰하다** 정신이 얼떨떨하여 어찌할 바를 모르다.
• **달갑잖다** 마음에 들지 않아 싫고 만족스럽지 않다.
• **하반신** 사람의 몸에서 허리 아래의 부분.

1일 어휘 (11쪽)

01 (1) 품, 질 (2) 미, 용 (3) 자, 원

02 핫또야, 빵이

03 (1) 자원 (2) 지불 (3) 미용 (4) 가공
(5) 품질 (6) 신중

1일 독해 (13쪽)

01 (1) 소비 (2) 생산 (3) 경제 활동

02 ②

03 (1) ○ (2) ○ (3) ✕

04 또띠, 꽈리

2일 어휘 (15쪽)

01 (1) ✕ (2) ○ (3) ✕ (4) ○ (5) ✕ (6) ○

02 (1) ㉡ (2) ㉠ (3) ㉢

03 (1) 거래 (2) 대중 매체 (3) 이익

2일 독해 (17쪽)

01 ③

02 경제적 교류

03 ㉠, ㉡, ㉣, ㉤

04 ①, ④

3일 어휘 (19쪽)

01 (1) 대, 가 (2) 소, 득 (3) 공, 동, 체

02 (1) ㉢ (2) ㉠ (3) ㉡

03 (1), (2), (4), (5)

3일 독해 (21쪽)

01 (1) ㉡ (2) ㉠

02 (1) 소득 (2) 기업, 정부

03 ④

04 빵이, 또띠

4일 어휘 (23쪽)

01 (1) ㉡ (2) ㉤ (3) ㉠ (4) ㉢ (5) ㉣ (6) ㉥

02 (1) 비, 용 (2) 만, 족 (3) 약, 자

03 (1) 친환경 (2) 노동력 (3) 착취

4일 독해 (25쪽)

01 적은, 큰

02 (1), (3), (4)

03 착한 소비

04 ③

5일 어휘 (27쪽)

01 (1) ㉡ (2) ㉢ (3) ㉠

02 (1) 노동력 (2) 돈 (3) 없는

03 (1) 수산물 (2) 금융 (3) 인력 (4) 부동산
(5) 재래시장 (6) 전문

5일 독해 (29쪽)

01 (1) ○ (2) ○ (3) ✕

02 홈 쇼핑, 인터넷 쇼핑

03 (1) ㉠ (2) ㉢ (3) ㉡

04 ③

6일 복습 (30~31쪽)

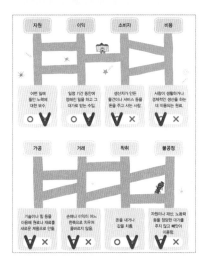

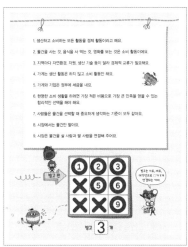

1일 어휘 (35쪽)

01 (1) ㉢ (2) ㉣ (3) ㉤ (4) ㉥ (5) ㉠ (6) ㉤

02 (1) 경, 쟁 (2) 혜, 택

03 (1) 한정 (2) 과장 (3) 개선 (4) 허위

1일 독해 (37쪽)

01 소라, 꽈리

02 경쟁

03 ②, ③

04 (1), (2), (4)

2일 어휘 (39쪽)

01 (1) ㉢ (2) ㉠ (3) ㉣ (4) ㉤

02 (1) 자본 (2) 선박

03 (1) 폐허 (2) 자본 (3) 경공업 (4) 항공
(5) 선박 (6) 중공업

2일 독해 (41쪽)

01 경제 발전

02 (1) 공업 (2) 수출 (3) 경공업

03 (1) ㉠ (2) ㉢ (3) ㉤

04 ㉠, ㉣

3일 어휘 (43쪽)

01 (1) 이롭다 (2) 국내 (3) 앞서다
(4) 비상 상황 (5) 앞당기다 (6) 의존

02 (1) 앞당겨 (2) 의존 (3) 앞서

03 (1), (2)

3일 독해 (45쪽)

01 (1) 무역 (2) 수출 (3) 수입

02 자원, 기술(또는 기술, 자원)

03 ②

04 핫또야

4일 어휘 (47쪽)

01 (1) 부, 품 (2) 비, 중 (3) 관, 세

02 (1) ㉡ (2) ㉢ (3) ㉠

03 (1) 성능 (2) 축산업 (3) 관세 (4) 부품
(5) 타격 (6) 비중

4일 독해 (49쪽)

01 (1) ㉠, ㉡, ㉢, ㉣ (2) ㉢, ㉣, ㉤, ㉥

02 (1) ○ (2) ✕ (3) ✕ (4) ○

03 자유 무역 협정(FTA)

04 ④

5일 어휘 (51쪽)

01 (1) ✕ (2) ○ (3) ○ (4) ✕ (5) ○ (6) ✕

02 (1) ㉢ (2) ㉡ (3) ㉠

03 (1) ㉠ (2) ㉢ (3) ㉡

5일 독해 (53쪽)

01 세계 무역 기구(WTO)

02 ④

03 (1) 높게 (2) 어렵게

04 소라

6일 복습 (54~55쪽)

교과서 속 책 읽기 (57쪽)

01 ③

02 나라 안의 과일이 모두 바닥이 났어요.
/ 과일 장수들이 허생에게 과일을 처음
값의 열 배를 주고 다시 사 갔어요.

03 2, 1, 3

1일 어휘 (61쪽)

01 (1) ㉡ (2) ㉠ (3) ㉢

02 (1), (3)

03 (1) 차별 (2) 권리 (3) 무시 (4) 주차
(5) 학대 (6) 침해

1일 독해 (63쪽)

01 (1) 권리 (2) 태어나면서부터 (3) 없어요

02 (1), (2), (4)

03 ③

04 국가 인권 위원회

2일 어휘 (65쪽)

01 (1) 비참 (2) 종교 (3) 남 (4) 대우
(5) 예수 (6) 영웅

02 (1) ㉠ (2) ㉢ (3) ㉡

03 (2)

2일 독해 (67쪽)

01 (1) ㉡ (2) ㉠ (3) ㉢

02 ②, ④

03 (1) 인도 (2) 사랑의 선교회

04 (1) ✕ (2) ◯ (3) ◯

3일 어휘 (69쪽)

01 (1) ㉢ (2) ㉡ (3) ㉠

02 (1) ✕ (2) ◯ (3) ✕

03 (1) 관습 (2) 자율적 (3) 벌금 (4) 강제
(5) 비난 (6) 통행

3일 독해 (71쪽)

01 법

02 ②

03 (1) 생명 (2) 질서 (3) 공정

04 룽이

4일 어휘 (73쪽)

01 (1) 인종 (2) 공무원 (3) 평등 (4) 공평
(5) 재판 (6) 선거

02 빵이, 꽈리

03 (1) 공무원 (2) 인종 (3) 재판

4일 독해 (75쪽)

01 기본권

02 (1) ㉡ (2) ㉢ (3) ㉠

03 (1) ㉠, ㉢ (2) ㉡, ㉣

04 ③

5일 어휘 (77쪽)

01 핫또야, 꽈리

02 (1) 근로 (2) 복무 (3) 간첩

03 (1) ㉡ (2) ㉎ (3) ㉣ (4) ㉢ (5) ㉍ (6) ㉠

5일 독해 (79쪽)

01 교통의 의무

02 ②

03 (1) 세금 (2) 교육 (3) 근로

04 빵이, 꽈리

6일 복습 (80~81쪽)

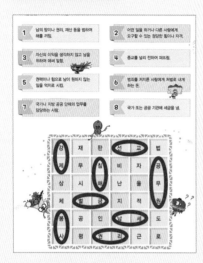

1. 침해
2. 권리
3. 봉사
4. 선교
5. 강제
6. 벌금
7. 공무원
8. 납세

1일 어휘 (85쪽)

01 (1) ○ (2) ✕ (3) ○ (4) ○ (5) ✕ (6) ✕

02 (1) 국회 의원 (2) 타협

03 (1) 원, 칙 (2) 소, 수 (3) 의, 견 (4) 정, 치, 인

1일 독해 (87쪽)

01 정치

02 롱이

03 (1) 주인, 정치 (2) 평등

04 ①, ②

2일 어휘 (89쪽)

01 (1) 시, 장 (2) 임, 원 (3) 도, 지, 사

02 (1) ⓒ (2) ㉠ (3) ⓛ

03 (1) 도지사 (2) 이바지 (3) 시장 (4) 임원
(5) 투표 (6) 지방 자치

2일 독해 (91쪽)

01 선거

02 자유 선거

03 (1) ⓛ (2) ㉠ (3) ⓒ

04 ①, ④

3일 어휘 (93쪽)

01 (1) 지도자 (2) 권한 (3) 지휘 (4) 우두머리
(5) 국무총리 (6) 국제회의

02 ④

03 (1) ㉠ (2) ⓒ (3) ⓛ

3일 독해 (95쪽)

01 (1) 대통령 (2) 정부

02 (1), (2), (4)

03 (1) ㉡ (2) ㉠ (3) ㉢

04 ①

4일 어휘 (97쪽)

01 (1), (2)

02 (1) ㉡ (2) ㉢ (3) ㉠

03 (1) ㉢ (2) ㉠ (3) ㉥ (4) ㉣ (5) ㉤ (6) ㉡

4일 독해 (99쪽)

01 국회

02 롱이, 핫또야

03 ③

04 (1) 4년 (2) 없으며, 국가

5일 어휘 (101쪽)

01 (1) 잘함 (2) 법원 (3) 대법원 (4) 공동
(5) 중급 (6) 손해

02 (1) 대법원 (2) 판결 (3) 고등 법원

03 (2)

5일 독해 (103쪽)

01 ③

02 ㉠, ㉡, ㉤

03 (1) ○ (2) ✕ (3) ○

04 ④

6일 복습 (104~105쪽)

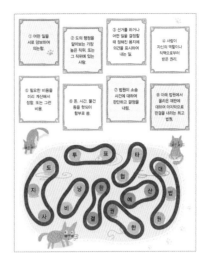

① 타협
② 도지사
③ 투표
④ 권한
⑤ 예산
⑥ 낭비
⑦ 판결
⑧ 대법원

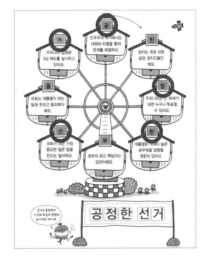

교과서 속 책 읽기 (107쪽)

01 꽈리

02 ①, ③

03 휠체어

사회 3권 찾아보기